U0507405

"万花筒7+n"课程建构与特色实践

——国家课程校本化研究的探索

主编：黄　颖　朱锡昕

中国商务出版社

·北京·

图书在版编目（CIP）数据

"万花筒 7+n"课程建构与特色实践：国家课程校本化研究的探索 / 黄颖，朱锡昕主编. -- 北京：中国商务出版社，2023.10

ISBN 978-7-5103-4875-4

Ⅰ．①万… Ⅱ．①黄… ②朱… Ⅲ．①课程建设－教学研究－小学 Ⅳ．①G622.3

中国国家版本馆 CIP 数据核字（2023）第 204836 号

"万花筒7+n"课程建构与特色实践：国家课程校本化研究的探索

黄颖　朱锡昕　主编

出版发行：中国商务出版社有限公司

地　　址：北京市东城区安定门外大街东后巷28号　　邮编：100710

网　　址：http://www.cctpress.com

联系电话：010—64515150（发行部）　010—64212247（总编室）
　　　　　010—64513818（事业部）　010—64248236（印制部）

责任编辑：刘姝辰

排　　版：宋晓璐

印　　刷：凯德印刷（天津）有限公司

开　　本：710毫米×1000毫米　　1/16

印　　张：11.5　　　　　　　　字　　数：196千字

版　　次：2023年10月第1版　　印　　次：2023年10月第1次印刷

书　　号：ISBN 978-7-5103-4875-4

定　　价：58.00元

编委会名单

主　编：黄　颖　朱锡昕

副主编：汪　忱　权江红　李　阳　任江晶　王　晔　杨　京

　　　　刘　欣　王　磊　金利梅　张　颖　李宝莉　王　丹

　　　　李　洁　金　琳　满惠京　齐丽嘉　海　洋　刘　蕊

　　　　徐礼峥　夏卫滨　王莉虹　张海蒂　李　琰　刘　欢

　　　　刘美琪　魏文凤　沈瑶琳　杜贝贝

| 目 录 |

第一章 "万花筒7+n"特色课程群的理念介绍及课程建构

第一节 学科课程群的背景分析

课程群这一概念出现于 20 世纪 90 年代，学校的课程群一般分为两类：一类是学科课程群，另一类是综合课程群。前者关注的是学科逻辑，基本构成是学科单元，是对学科本质的思考和分析，我们认为大单元教学、学科学习任务群都属于这一类；后者关注的是主题逻辑，基本构成是系列活动，项目化学习、steam 课程都属于此类。随着改革的持续推进，课程群设计日益受到学校重视，但就现状而言，学校对课程群的内涵认识、设计策略等均存在模糊之处，需要进一步厘清，以使学校课程群建设走上合理化之路。

一、国家人才培养的需求

党的十八大、十九大、二十大强调"落实立德树人根本任务，发展素质教育""科教兴国"，《义务教育课程方案和课程标准》根据习近平总书记提出的培养担当民族复兴大任时代新人的新要求，中央关于义务教育深化教育教学改革和"双减"工作决策部署，要求强化课堂及学校教育主阵地作用，要落实这些要求必须修改完善义务教育课程方案和课程标准，对教与学的内容、方式进行改革，从而满足人才培养的需求。

二、学生成长的客观需求

基于《义务教育课程方案和课程标准》，培养具有正确价值观、必备品格和关键能力的时代新人，就一定要扩大我们教学活动的空间和内容范围，让学生能在体验生活中学习经验、在动手实践中学习知识、在积极应用中学习技术、从小培养他们参与社会、家庭、学校不断学习的意识，这也是学生身心发展的客观要求。三年前学校建构了"万花筒"课程体系，不但重视学生基础学科的关键能力，也关注学生综合能力的提升，在实现全面发展和个性化体验的真实场域下，培养学生的核心素养，满足其成长的需要。

三、教师变革教学方式的需要

在新课程方案和课标的引领下，学校升级课程体系，打造"万花筒 7+n"课程群，重塑了小学课程的内涵。课程不仅是知识的载体，也是探索新知和探寻问题的场所、路径与过程。将国家课程、地方课程、校本课程整体建构，具有开放性、自由性和灵活性，最终在课堂上体现这种变化，从而在学生身上看到影响的痕迹、发展的方向。要想达到这些目标，就需要教师变革教学方式，以适应新时代需求，在此过程中也有助于教师教学能力素养全面提升。

基于原有课程框架，我们积极开发综合型课程群的研究。结合新课程方案和课标让老师们在课程开发中更有目标导向，直指核心素养培养。

一是深入研究新的课程标准与理念，教师一定要先用理论知识来武装自己，站在理论高度提高认识，树立合适的教学观、课程观、学生观，尽快实现以"师本"向"生本"转变。二是有了理论的积淀就马上要开始实践，在实践中继续思考，在反思的推动下继续实践。要确立合适的活动主题，就需要对教材进行深度解读，找到切入点；教师要能在学生的实践中成为共同的讨论者与研究者，就要求教师对活动进行结构化的策划与讨论，这就需要教师有较强的生活、社会实践经验，为学生树立榜样。三是教师要打通学科间的壁垒，发挥学生的实践能力，真正提升学生综合素养。

第二节　"万花筒"课程群建设的核心概念

2022年上半年，课程方案及各学科课标出台，各地要统筹谋划、系统推进《义务教育课程方案和课程标准（2022年版）》落地实施。有计划、有步骤地组织开展培训，多种形式强化课程改革理念和改革总体要求的研修交流，实现校长、教师及教科研人员、教育行政人员全覆盖。加强课程实施管理与指导。要大力推进教学改革，转变育人方式，切实提高育人质量。

从总体上看，贯彻课标新理念，抓住课程方案理论的本质，通过理论分析、实践案例的方式对课程观念、课程内容、课程模式以及课程设计等多个方面做出了大量的有益探索，这就要求我们应该深入具体区域，观察其课程设置中存在的实际问题，为课程安排提供更具实质性的参考。学校拥有一定课程开发自主权和课程群开发能力，在建构多元主体参与的课程治理体系同时，关注学生个性化需求，实现学校课程群整体推进，这是现代化教育治理的举措。

一、义务教育课程方案和课程标准

本课题所说的义务教育课程方案和课程标准指的《义务教育课程方案和课程标准（2022年版）》。新课标更加强调了落实立德树人根本任务的措施途径，聚集中国学生发展核心素养，培养学生适应未来发展的正确价值观、必备品格和关键能力。课程加强了一体化设置，细化了育人目标，强化了课程的综合性和实践性，凸显学生主体地位，关注个性化、多样化的学习发展需求，以利于减负提质的有效实施。

二、"万花筒"的特质与内涵

"万花筒"的特质与内涵和学校育人理念紧密对接，与学校精神、价值主张高度契合，即"以小见大、千变万化、缤纷多彩"。我们以"课程群"为单位，整合、开发各类课程，回应学生全面发展与个性扬长的需求与目标，突出"多元选择"，丰富的"学习小组"型课程，让志趣相投的学生在一起发展爱好、优势、特长，追求梦想，让学校生活"多姿多彩"。同时，强调"合作共生"：不仅在教学方式上倡导"生生合作""师生对话"，也致力打造"学习共同体"，强化"家校社"合作，整合学习资源，创新学习关系，创设无边界学习场域，实现从"单一图形"到"大千世界"。

三、"7+n"课程群

本课题所指的课程群是内容联系紧密、内在逻辑性强，属于同一培养范畴的一类课程。课程群的构成一般由同类别三门以上的课程组成，各课程的教学内容虽相对独立，但课程与课程之间紧密关联，各门课程的实践环节或技能培养是连贯的、递进的。学科课程群是以传统或现代学科为基础，在我国三级课程管理体制和现代课程理念下，通过课程内容和结构的重组、延拓，建构起来的学科子课程群落。

课程作为通往育人目的的跑道，是支撑整个育人模式建构最为核心、关键、主要的要素与内容，是育人目标和育人理念得以落实的抓手。我们依据育人目标和多元智能理论，遵循学科自身逻辑、满足学生个性需求，形成多彩课程群。

每个课程群都包括学科基础课程、拓展课程及特色课程、国家课程和校本课程、必修课程和选修课程、涵盖学习小组课程，跨学科、项目式学习，让"志同道合"的孩子聚在一起学习，发展兴趣、爱好、特长等。

基础课程以传统、常规型课堂为主，旨在夯实知识、能力基础。拓展课程充分利用 10% 学科实践，进行国家课程的校本化探索，形成必修型校本课程。同时，基于学生发展需求，开发丰富的选修型社团课程。拓展课程和特色课程广泛整合外部优质资源，以"学习小组""个人研究"形式开展，为学生提供充足的选择空间和丰富的实践机会。

从各学科标准、教材内容中发掘社会主义核心价值观教育、中华优秀传统文化教育的内涵，捕捉德育素材，实现德育教育的全科渗透与纵贯横通。以"合作"为带动，一方面鼓励和支持大小孩子一起学习、生活，在"学习小组"中互帮互助、团结友爱、共同提高，强化集体意识；另一方面，依托家校社合作，带领孩子走进社区、走向社会，在劳动、服务中锤炼意志品格，在增长见识、致知力行中，建立爱家爱国的真情实感，将担当意识、时代使命根植于心。

在此基础上，融合七彩课程群，形成针对学生个体个性化辅导和跨学科研究的 n 个课程群，以学生的问题或个性发展为导向，放大个人发展优势，打造特色课程模式，使其成果更加开放，全面提升学生的核心素养。

四、"万花筒 7+n"课程群的具体内容建构

①通过以"大阅读"为引领下的学习模式建构，带动语言课程群在课程内容、形式、关系、场域和评价上的整体变革和提升。

②通过以"大游戏"为特色的学习模式建构，促进数学和信息技术的学科整合，推动逻辑课程群在课程内容、形式、关系、场域和评价上的整体变革和提升。让课程"好玩"起来，学生不仅"爱玩"，更"会玩"。

③通过以"大服务"为特色的学习模式建构，推动思政课程群在课程内容、形式、关系、场域和评价上的整体变革和提升。让课程"动"起来，在服务中学习，在学习中服务。服务对象为学生群体和社区。

④通过以"大生活"为特色的学习模式建构，将劳动教育与真实生活紧密连接，推动劳动课程群在课程内容、形式、关系、场域和评价上的整体变革和

提升。在真实的生活中，学会劳动、热爱劳动，在出力流汗中收获成长。

⑤通过以"大舞台"为特色的学习模式建构，推动艺术课程群在课程内容、形式、关系、场域和评价上的整体变革和提升。人人敢展示，人人能展示。

⑥通过以"大比赛"为特色的学习模式建构，推动健康课程群在课程内容、形式、关系、场域和评价上的整体变革和提升。人人爱运动，人人有专长。

⑦通过以"大课题"为特色的学习模式建构，促进科学和研究性学习的紧密结合，推动科学课程群在课程内容、形式、关系、场域和评价上的整体变革和提升。

⑧通过以"n"为特色的学习模式建构，促进个性化学习的多样态，推动"万花筒"课程群在课程内容、形式、关系、场域和评价上的整体变革和提升。

第三节　"万花筒7+n"课程群的实施方案

一、课程设计理念与育人目标

（一）学校发展目标

在保证开齐开足国家课程的同时，以培养学生学科综合素养为基础，建构"万花筒"课程群。通过多元、合作学习方式的研究实践，丰富学习形式，激发学习兴趣，更好地为国家课程学习服务，切实做到减轻学生负担，提升教育教学质量。

（二）教师发展目标

以课程群建设促进教师团队建设，在课程目标的实施过程中，加强合作式教研。引导教师确立"全面育人、全员育人、全课程育人"的教育观，明确个人专业发展规划和课程建设的职责与任务，提高课堂教学水平和课程研发、实践能力，促进专业成长。

（三）学生发展目标

以培养"具有家国情怀的和谐共生的人"为目标，将和谐教育理念与"七气"核心素养有机融合，引导在课程设置、课堂教学、家校协作、教师发展、资源建设、组织管理等方面上，整体建构、完善育人系统，共建教育的合力，实现学生全面且有个性的发展。

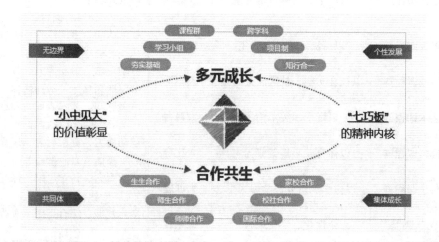

二、课程设置内容

（一）国家级课程：学科课程和综合实践课程

学科课程：道德与法治、科学、语文、数学、外语、体育、艺术（音乐、美术）。

综合实践课：学科实践活动和研究性学习、社区服务、社会实践、劳动技术、信息技术。

（二）已开设市、区、校级课程

三味书屋、益智工场、数字多媒体、曲艺、建筑、心理、博悟。

（三）未来七大课程群

七彩课程群	学科	学习方式	核心素养
语言课程群	以语文、英语为主	大阅读	文化自信、语言运用、思维能力、审美创造
逻辑课程群	以数学、信息技术为主	大游戏	数学的眼光、思维、语言认识世界、信息意识、数字化学习与创新
思政课程群	以道法、班队会为主	大服务	政治认同、道德修养、法治观念、健全人格、责任意识
劳动课程群	以社会实践、社区服务为主	大生活	劳动观念、劳动能力、劳动习惯和品质、劳动精神
艺术课程群	以音乐、美术为主	大舞台	审美感知、艺术表现、创意实践、文化理解
健康课程群	以体育、心理健康为主	大比赛	运动能力、健康行为、体育品质、身心健康等
科学课程群	以科学、研究性学习为主	大课题	科学观念、科学思维、探究实践、态度责任
"n"课程群	个性化、学科融合	大主题	多元发展、综合运用、实践创新

三、课程结构

（一）教学安排

全年 52 周，其中教学时间 39 周、假期（寒暑假、国家法定节假日等）13 周。全年 39 周的教学时间包括上课 35 周、复习考试 2 周、学校机动 2 周（用于安排学校传统活动、文化节、运动会、游学等）。

（二）周中安排

每周按 5 天安排教学，语文、数学、英语、艺术等综合实践课时包含在总课时数内，占 10%。

（三）周六、周日安排

周六、周日推荐亲子课程。

（四）各学科学时

各学科平均有不低于 10% 的学时用于开设学科实践活动课程。可开设某一学科拓展或实践活动，也可融通多个学科开设综合性实践活动。课程形式鼓励采用研究性学习方式，原则上利用周五上午的时间。

（五）各年级安排

综合实践课程中三年级至六年级开设劳动技术，四、五年级开设信息技术课。

四、综合实践活动课程

①健康教育校本课程每周一、周六各 1 节，为处于幼小、初小衔接年级开展心理疏导、健康教育。

②二、三年级粘土、q 版与校本心理课程合并为 1 节综合实践课程，利于二、三年级"大生活"劳动课程群建设。

五、市级、地方和校本课程

市级课程、地方和校本课程与综合实践活动课程统筹安排。

六、自主安排时间

班队会和少先队活动课每周 1 节。

七、其他

体育与健康课程要深入贯彻"健康第一"的原则。充分利用体育学时、早操、课间操、律动空间活动等形式，保障中小学生每天体育锻炼时间不低于 1 小时。

第四节　"万花筒"课程群实施的基本策略和保障

一、管理制度：科学合理

制定课程群建设的管理制度与管理办法，建立健全相应的约束机制和激励机制。例如，制定出课程群负责人的岗位责任制、课程群建设项目管理制度、课程群建设绩效评估制度等，使课程群建设与管理做到有据可依，有章可循。同时，也可通过这些制度整合各种资源，形成合力与资源优势，充分挖掘各种潜力，充分调动教师团队的积极性、主动性与创造性。

二、师资队伍：组建团队

课程群不是简单的课程集合，而是基于知识体系构筑的有机的课程体系模块。课程之间不会主动发生关联，需要教师秉持课程群的思想，发挥主观能动性，建立课程间的内在联系。因此，课程群建构的核心在于师资，而课程组是由课程群所隶属的师资构成的。因此，课程组是承载课程群建构工作的主体。

三、课程建构：优化整合

仅把几门有内在逻辑联系的课程召集一处，只是一个"课程集合"，只有课程间完成了相关整合，成为一个课程体系，才能称为"课程群"。因此，课程群建设应将重心放在相关课程之间内容的整合上。课程群中相关联的不同课程之间的内容存在着很大的重复性，课程组教师应该通过对不同课程内容进行深入分析，寻找相互之间的内在关系，找到恰当的将不同课程联系在一起的主线（研究主题），将课程内容进行优化整合，进行再设计。

（本章作者：黄颖）

第二章 "大阅读"定位下的语言课程群建构与实施案例

第一节 "大阅读"定位下的语言课程群建构理念与整体框架

阅读是人类获得文化知识，进行信息传递，参与社会交流的重要方式和媒介。国际著名教育评估项目 PISA、PIRLS、NAEP 等都将"阅读"作为重要的评估项目之一。《义务教育语文课程标准（2022 年版）》中明确了语文学科的核心素养，"阅读"则贯穿学科素养培养的始终。阅读既是语言建构与运用的过程，也是思维发展与提升的手段，审美鉴赏与创造需要借助阅读来培养，文化理解与传承也需要借助阅读来实现。语文课程应注重引导学生多读书、多积累，重视语言文字运用的实践，在实践中领悟文化内涵和语文应用规律。同样，阅读也是外语学科素养形成的关键。

"万花筒 7+n"课程群中的语言课程群计划通过以"大阅读"为引领下的学习模式建构，带动语言课程群在课程内容、形式、关系、场域和评价上的整体变革和提升。

一、课程群定位与目标

（一）课程群定位

语言课程群以"大阅读"为定位，既强调阅读内容的丰富、引人深思，也体现为阅读形式的多种多样、无拘无束，其目的就在于引导学生"爱读""多读""会读"。

（二）教育目标

指导学生运用识、记、读、说、思、写等方式对阅读材料进行检索、感知、理解、评鉴和表达，促进学生"语言建构与运用""思维发展与提升""审美鉴赏与创造""文化传承与理解"的学科素养形成，并注重阅读兴趣的激发、阅读方法的掌握、阅读能力的提升、阅读习惯的养成。在阅读中培养爱国主义情感、社会主义思想道德，感受优秀作品的激励，增强对美好生活的向往，逐步形成积极的人生态度和正确的价值观。

二、课程内容

①以"阅读"作为语言类课程设计的内容聚焦和实施的主要方式，将"识、记、读、说、思、写"融入其中，协同推进。根据阅读材料不同，采取精读、泛读、整本书阅读、文学圈、亲子阅读等不同形式。

②综合使用国家教材与补充教材，按照"必备的语言基础""充分的阅读积累"和"良好的能力运用"的思路对课程群进行建构。其中，在语言基础课程中，主要进行基于大主题的单元整体阅读教学，重点对国家教材进行整合重组，并融入补充教材加以丰富。

③在阅读积累课程中，以补充教材为主，按照人物、年代、季节、场景等主题设置课程，强化对学生自主阅读能力培养，注重信息检索、阅读记录与阅读分享。

④在能力运用课程中，开设读书沙龙活动，为具有相同、相近阅读偏好的

学生创造打破班级、打破年级的丰富交流互动机会。

三、课程实施

按照"书目选择→角色分配→课下阅读→课上小组讨论→课后反思→汇报总结"的基本流程展开，每本书5—6课时。

在4—6人的"读书社"中，每个学生扮演一种不同的研讨角色，通常可选择以下角色：A.社长；B.朗诵家；C.小画家；D.小记者；E.摘要员；F.小神探；G.评论员；H.智慧星；I.小演员等。

①学生可以通过挑选有意义的段落，陈述故事内容的因果关系，联系生活找出相关性；

②依据文本精彩部分创作小短剧；

③设计图表作详细报告；

④依据文本主题设计海报和公告、小报、宣传册；

⑤给同伴提建议、给同伴以评价、组织小组创意演示大赛；

⑥反思个人思想观点、记录讨论和阅读日志等。

四、课程场域

坚持"因地制宜"的核心原则，将"三味书屋"的概念实体化，为学生创设与阅读主题、阅读内容相匹配的学习空间，突出情境性、场景化的特点。

在校内，注重阅读氛围营造，如设置阅览室、书香小道、读书吧，教室里安置小书架，楼道里设置图书角等，将"三味书屋"概念实体化。

在校外，拓展"阅读基地"，突出"沉浸式阅读"特色，围绕不同主题，带领学生到博物馆、图书馆、名人故居、公园等地方去阅读。

五、学习关系

本课程群存在三大学习关系，它们相互支持、相互促进。

（一）生生关系——合作阅读，以文会友

"文学圈"促进生生合作，"读书沙龙"为志趣相投的学生创造混龄学习和交往的空间。

（二）师生关系——从主导到陪伴，从"设计"阅读到"服务"阅读

依据不同阅读形式，教师的身份在发生变化，师生的关系也在发生变化。从主导者到促进者，再到陪伴者，教师的角色逐渐从"台前"到"幕后"，为学生自主阅读能力的发展提供更大空间。

（三）家校关系——线上线下，同心共育

与线上教学相结合，丰富亲子阅读形式。根据不同阅读主题，如不同岗位的感人故事、逸事见闻等，邀请家长走进课堂或以线上交流的形式，推荐好书、共读好书、分享阅读感受等。

六、行动要点

①任命语言课程群建设负责人，建立课程研发小组。

②开发贯穿全学段的中英阅读书单。

③建设课程资源库，特别是图书、绘本资源；挖掘家长资源，形成亲子阅读课的可执行方案。

④加强场域建设，包括校内图书馆型空间的创建以及校外"阅读基地"的选择与使用。

⑤各年级做组内研究课，梳理经验、总结反思。

⑥引入外部专家，指导课程群建设。

七、评价与收获

根据学生身心发展特点和课程实施形式，设计多种多样的评价方式，注重过程评价、发展性评价。

①低年级学生主要通过讲故事、情景表演、画配诗的形式对阅读的内容进

行"再现",分享自己喜欢的作品。

②中年级学生通过排演课本剧、摘抄赏析、制作读书小报等方式进行读书分享。

③高年级学生通过演讲、好书推荐、书评撰写等方式交流读后感悟。

④建立六年一贯的荣誉评价体系,包括每学年评选书香少年、书香小组、书香班级等。

⑤一活动一评价,制定《好书推荐实施方案》《佳作欣赏实施方案》《续写大赛实施方案》《个性化阅读交流活动方案》,将学生在阅读活动中的表现评价纳入综合素养评价中。

"立身以立学为先,立学以读书为本。"语言课程群将以全面提升核心素养为根本任务,不断深化阅读与学科间的融合,打破学校壁垒,创造真实生活场域,建构家校社联动机制,充分激发学生的学习兴趣和动机,在实践中促进学生德智体美劳全面发展,努力培养学生成为担当民族复兴大任的时代新人。

(本节作者:刘欣)

第二节　让阅读成为培根铸魂、启智润心的主阵地

一、实施背景

(一)落实新课标,赋能新课堂

新课标基于核心素养发展要求,强化育人导向的同时,优化了课程内容结构,进一步明确了语文课程应着力培养的必备品格与关键能力。学生应在真实的语言运用情境中,通过积极的语言实践,积累语言经验,培养语言文字运用能力,继而发展思维能力,提升思维品质,形成自觉的审美意识,从而在积淀文化底蕴的同时增强文化自信。

（二）建构课程群，践行新理念

史家七条小学在"多元成长、合作创新"育人理念的指导下，结合本校学生学习特点开展了丰富的校本课程，形成了具有七小特色的育人模式。为了能够进一步拓展学生学习空间，加强课程设计的育人功能，学校建构"万花筒7+n"课程群，把国家课程、地方课程、校本课程一体化，充分挖掘学生潜能，优化学习策略，拓展学生学习空间。在此基础上提出的"小阅读"语言课程群，则力求在梳理国家课程的过程中，发现延展途径，在新颖有趣、内容丰富的语文实践中，充分发挥学生的主观能动性，调动学生多种感官，使其成果更加开放，在这一个过程中，全面提升学生的核心素养。

二、设计理念

借助资料阅读打通课内外界限，引领学生入语境感受语言美，悟心境走进作者的内心世界，同时积累语言，受到美的熏陶，获得思想的启迪。

阿德丽安·吉尔提过：一个好的阅读者能够在阅读过程中，由其"思维之眼"创造出"多重感官图像"，从而有助于对文本的理解。边读边想象画面是老师们在课堂教学中常用的一种教学策略，想象画面并不难做到，我相信所有的孩子都有闭上眼睛想象，或是在脑子里制造画面的能力。但是，假若文本内容是学生从来没有经历过的，远离学生生活实际的，学生就无法在头脑中创造形象，形成画面。此时，教师就需要将文本内容与学生做联结，给学生提供描述画面的依据。就《十六年前的回忆》一课而言，教师就需要借助课外资料的阅读将文本内容与学生做联结，让学生进入当时的年代，感受当时的白色恐怖，进而感悟李大钊同志忠于革命的精神。

三、实施过程

（一）教学环节一：收集资料，让英雄人物入眼

课前老师让学生结合本课的内容收集了相关的资料，并进行了整理。课堂

上老师以书后习题为抓手，引导学生交流：哪件事让你印象最深刻？

交流中，有不少同学都对被捕前父亲不怕危险坚持留在北京的事印象深刻。有学生找到了文章中父亲的语言描写，再联系着收集的"三·一八"惨案资料，感受到了当时的局势十分严峻。结合着资料学生进入了语境当中，了解到当年父亲坚持留在北京开展革命工作，是冒着生命危险的，这样的做法、这样坚定的态度正体现了在李大钊的心中革命工作比生命都重要，这是他对于革命事业的忠诚。

设计意图：《十六年前的回忆》是李大钊的女儿李星华写的一篇回忆录，文中真实地记叙了父亲与敌人作斗争的故事，展现了李大钊忠于革命、坚贞不屈的崇高精神，表达了作者对父亲的敬仰与深深的怀念之情。但是文章内容久远，时代的隔阂怎么让学生真正走进人物内心，受到思想的洗涤呢？在此环节中，老师借助课外资料拉近了文本与学生之间的距离，在资料的补充阅读中帮助学生深入感受人物品质。

（二）教学环节二：填补空白，让英雄人物入心

首先，老师引导学生关注被审时父亲乱蓬蓬的长头发以及平静而慈祥的脸，在这样的对比描写中促使学生发现文本中的空白点，并深入思考：父亲都经历了些什么呢？

学生联系资料感受李大钊即使面对敌人的严刑拷打也毫不屈服，是个坚强不屈的人。

其次，老师抓空白点适时引导：孩子们，法庭上父亲瞅了瞅我们，没有对我们说一句话，但他脸上的表情依然非常安定、沉着。透过父亲的神情，你们可以感受到父亲的内心在想些什么吗？

交流中，有的学生认为此刻父亲会在心里鼓励亲人；有的学生认为此刻父亲就是在无声地反抗，这是对敌人的蔑视，他在法庭上依然在坚强不屈地斗争着。

再次，老师创设情景，在引读中整合全文，让学生在有感情的朗读中感受几个事件间的联系就是父亲那颗忠于革命的心。之后出示李大钊生前演讲影像，在视频的直观刺激下引领学生进一步走进人物的内心深处，感受李大钊坚

贞不屈的高尚品质。

最后，再次回读课文，老师抓住文章空白点质疑：同学们，这是我们和父亲最后一面，这一望中你看出父亲想说什么？

在学生交流中，一个伟大的革命者、慈父的形象就走进了学生的内心，从而对他产生深远的影响。

设计意图：苏霍姆林斯基说过："在人的心灵深处，都有一种根深蒂固的需要，这就是希望自己是一个发现者、研究者、探索者。在儿童的精神世界里，这种需要特别强烈。"这篇文章中，作者借由一个小孩的视角去描绘当年的真实场景，法庭受审时父亲没有任何豪言壮语，展现在我们眼前的就只有父亲的平静与慈祥，我想这样的表现是当年作者自己都不曾领悟的空白点，课堂上老师就要抓住这些空白点，引导学生揣摩、探索人物内心想法，感悟人物心境进而受到思想的洗涤。

（三）教学环节三：借助资料，让英雄人物入生命

课程的最后，老师请学生用自己的话讲一讲课前收集的其他革命先烈的英雄事迹。在学生讲述革命烈士事迹的过程中，老师顺势引导学生由一个人走向一群人，去发掘、感悟这些革命者身上特有的共性，培根铸魂，启智润心！

设计意图：通过多种途径及内容，打通课内外界限，把语文课堂与实践活动结合起来，拓展学生的学习空间，通过学生自主实践的活动，促进学生语文

素养的协调发展，达成立德树人的目的。

四、感悟反思

（一）以读促思，在阅读中全面提升学生语文素养

在课堂上抓关键词句引领学生入语境、悟心境，充分发挥了阅读的理解、体会、感悟功能和表现功能，可以让学生在读中思、读中想、读中领悟、读中升华，既培养了学生语文素养，提高了语文能力，又促使学生形成积极的情感，树立正确的价值观。

（二）以读润心，在阅读中帮助学生培根铸魂

以教材为基础发掘与之相关的学习资源，打通课内外界限，建立开放的语文课堂教学，在阅读资料中培养学生爱国主义情感、社会主义思想道德，让学生在感受优秀作品激励的同时，增强对美好生活的向往，逐步形成积极的人生态度和正确的价值观。在某种意义上，这样的课程不是把控教师教学行为和学生学习活动的方式和工具，它是师生追求个人价值、获得思想洗涤的过程，最终使阅读成为培根铸魂、启智润心的主阵地。

（本节作者：张颖）

第三节　让孩子爱上阅读——以《宝葫芦的秘密》为例

一、实施背景

（一）落实新课标，赋能新课堂

新课程标准指出，整本书阅读旨在引导学生在语文实践活动中，根据阅读目的和兴趣选择合适的图书，制订阅读计划，综合运用多种方法阅读整本书；借助多种方式分享阅读心得，交流研讨阅读中的问题，积累整本书阅读经验，养成良好阅读习惯，提高整体认知能力，丰富精神世界。

（二）建构课程群，践行新理念

史家七条小学在"多元成长、合作创新"育人理念的指导下，结合本校学生学习特点开展了丰富的校本课程，形成了具有七小特色的育人模式。为了能够进一步拓展学生学习空间，加强课程设计的育人功能，学校建构"万花筒7+n"课程群，把国家课程、地方课程、校本课程一体化，充分挖掘学生潜能，优化学习策略，拓展学生阅读空间。而其中的"小阅读"语言课程群则注重培养学生阅读兴趣，提高阅读能力。

二、设计理念

（一）导趣，精彩闪现，引起阅读期待

导读课上呈现了几个轻松愉悦、能引起学生好奇的小片段，那些更好玩、更能引起学生思考的内容留给学生自己阅读时享受。这会让孩子感到更大的阅读满足。在阅读中激发学生独特的阅读体验，独立地返现问题，是引发学生愿意读下去的最好的动力。

（二）导法，挖掘文本，品味生动语言

读书就是在预测中推进的，预测就是鼓励学生边读边思考，在读的时候头脑中不断产生问号，这些问号就是学生读书的内驱力。带着预测去读书，学生的阅读关注点会更广，体会会更深。批注的学习在本节课是一种初试，培养学生批注的习惯，可以帮助学生在阅读的过程中将触角深入文本的局部中，在字、词、句、段中注入自己的思维和情感，去体验、感受文本的语言，使自己读有所获、所疑，深入挖掘文本的蕴蓄，真正达成与文本的对话。

三、实施过程

（一）了解封面，引发阅读期待

1.教师行为

①趣味导入，了解"宝葫芦"的本领。

②由书名展开预测，这宝葫芦有什么秘密？

③了解作者和封面上的信息，激发学生对《宝葫芦的秘密》的阅读期待。

2. 学生预设

①"宝葫芦"的本领很神奇。

②学生对书名自由预测。

3. 设计意图

通过学生熟识并喜爱的故事大王郑渊洁对此书的喜爱，让学生从侧面感受《宝葫芦的秘密》的文学价值，再结合封面"百年百部中国儿童文学作品经典书系"、印制外文的信息，激发学生阅读兴趣。

（二）教学环节

1. 教师行为——初识故事，预测、联想，感受宝葫芦的神奇

①了解故事中的宝葫芦，感受宝葫芦的神奇。

②如果你有一个宝葫芦，想让它帮你做什么呢？

③依次出示王葆的3个愿望，学生猜测宝葫芦能否完成他的心愿后，出示书中的结果，一一呈现王葆的愿望都能实现。

④观看宝葫芦完成王葆第一次心愿的电影《宝葫芦的秘密》的视频剪辑。

2. 学生预设

①联系自己进行联想。

②根据书中的情节猜测故事内容。

3. 设计意图

学生在预测、联想中感觉没有宝葫芦办不到的事，自己的愿望没有不能实现的，从而感受宝葫芦好神奇。在视像中感受宝葫芦的神奇，体会王葆此刻愉悦的心情。再次使学生的预测与联想得到印证，将宝葫芦的神奇放大到极致。

（三）教学环节——设置悬疑，把学生的阅读期待推向高潮

1. 教师行为

①继续预测王葆有了宝葫芦以后的日子会怎样？

②出示书中的插图，学生的预测、联想与文中片段节选的结果形成冲突。

2. 学生预设

①学生预测王葆有了宝葫芦以后的日子是什么样。

②学生看插图与自己的预测、联想的结果形成冲突。

3. 设计意图

通过学生自身若拥有宝葫芦的联想，加之片段节选、视频，感受宝葫芦一次次完成王葆的心愿，这时，让学生继续预测王葆有了宝葫芦以后的日子会怎样。再加上书中插图的出示，学生的预测、联想与文中片段节选的结果形成冲突，学生急迫想得知缘由，使学生对《宝葫芦的秘密》整本书的阅读期待推向高潮。

（四）总结反馈

①王葆是个怎样的孩子呢？学生阅读选段，初步学习批注。

②出示《学习单》，开启阅读之旅。

《宝葫芦的秘密》学习单

《宝葫芦的秘密》 （节选）

（一）

我和你们一样，是一个平平常常的普通人。你们瞧见，我是一个少先队员，我也和你们一样，很爱听故事。

（二）

"乖小宝，来奶奶给你洗个脚。"奶奶总是一面撺我，一面招手。

"我不干，我怕烫。"我总是一面溜开，一面摆手。

"不烫啊。冷了好一会儿了。"

"那，我怕冷。"

奶奶撺上了我，说洗脚水刚好不烫也不冷。非洗不可。

这我只好让步。不过我有一个条件：

"你爱洗就让你洗。你可得讲个故事。"

就这么着，奶奶讲了宝葫芦的故事。

王葆是个什么样的孩子？

此环节，让学生初识主人公王葆，学习批注，获得运用批注理解内容的阅读方法。学生认识王葆的过程就是自身发展的一次经历、全角度思维的经历。

四、感悟反思

（一）挖掘文本，品味生动语言

预测在本课中运用最多。由题目、封面图画、故事情节、人物表现……读书就是在预测中推进的，预测就是鼓励学生边读边思考，在读的时候头脑中不断产生问号。这些问号就是学生读书的内驱力。怎样把书读活，把书读进心里，联想是非常重要的。课上我请学生想："如果你有宝葫芦，你想实现什么愿望……"这样学生假设了实现愿望的情节，有了内心的感受，在联想中就能更好地融入故事情境，感受到和王葆一样的内心体验，与主人公达成共情。在这节课上对批注的学习是一种初试。批注对三年级的学生来说，有些难。所以，在导读时只围绕一个问题"王葆是个什么样的孩子"来批注。在课上发挥老师指导作用，结合伙伴互学的助学功能，共同完成这次尝试。渐渐培养学生批注的习惯，可以帮助学生在阅读的过程中将触角深入文本的局部中，在字、词、句、段中注入自己的思维和情感，去体验、感受文本的语言，以使自己读有所获、所疑，深入挖掘文本的蕴蓄，真正达成与文本的对话。

（二）全角度思维，立德树人

王葆是个什么样的孩子，抛出这个问题，就是要引发学生去读全书，对王葆有一个全面的了解。我在学习单上也设计了一个板块，用"印象圈"的方式来表现出人物多元的特性。学生在夸张的情节、诙谐的语言中与王葆一次次相遇，也是在感受直面现实、自食其力，对自身人格的一次塑造，真正做到立德树人。

语言课程群以"小阅读"为定位，引导学生"爱读""多读""会读"。

（本节作者：齐丽嘉）

第四节　诵读有意蕴　诗句藏洞天——以《夜宿山寺》为例

一、实施背景

（一）学好古诗词可以形成热爱中国古典文化的美好情感

古诗词是中华民族历史长河中流传下来的文化瑰宝，是古人智慧的结晶。学好古诗词可以形成热爱中国古典文化的美好情感，促进中华民族优良传统文化的传承，增强文化自信。

《义务教育语文课程标准（2022 年版）》指出："语文课程致力于全体学生核心素养的形成与发展""义务教育语文课程培养的核心素养，是学生在积极的语文实践活动中积累、建构并在真实的语言运用情境中表现出来的。"因此，在小学语文阅读教学中，教师应以课程标准为指导，引导学生在积极的思维和情感活动中深入钻研文本，从多角度理解文本，联系自己的生活实际感悟思考文本，受到情感熏陶，获得思想启迪，享受审美乐趣，提升语文素养。

（二）古诗词教学应该切实落实新课标的理念

随着语文新课程理念的变革，古诗词教学应该切实落实新课标的理念，引导学生反复吟诵，在诵读中引导学生展开合理的想象，把静态的景物变成立体生动的画面浮现在学生脑海中，从图画中揣摩古诗的意境，体会诗人的感受，引起情感的共鸣，从而感受中华文化的魅力。

二、设计理念

《夜宿山寺》是部编版二年级上册第七单元《古诗二首》里的第一首古诗，唐代诗人李白所作的一首五言绝句。本诗有两点值得关注，一是夸张手法的运用。本诗借用"百尺"极言山寺之高。其实，借用数字百、千、万表示事物之高、深这样的用法，在李白的诗中很常见。这一用法要让学生了解。二是想象的运用。如摘星辰、惊天人……这些奇特的想象，美丽的画面，表现了诗人愉悦、豪放、可爱与率直的情感。

此课的教学重在创设诗歌的意境，以生为本，以读代讲，在反复的诵读中，让学生读正确古诗、读懂古诗、读出情味，体会诗人李白充满想象、夸张的表达方法。并尝试让学生学当小诗人创编古诗，激活学生的思维，体会五言古诗语言的精练，激发学生对中国传统古诗词学习的热情，受到优秀诗词文化的熏陶。

三、实施过程

（一）导入新课，读懂诗题

1. 教师行为

引出本单元学习重点：这一单元中我们将插上想象的翅膀。走进古诗和童话的世界里。出示课题《夜宿山寺》：

①认识、理解"宿"的意思——住。

②识记"寺"字。

③说说课题的意思。

2. 学生预设

李白晚上住在山上的寺庙里。

3. 设计意图

在教"宿""寺"两个生字时，分三步走，先拼读字音，再出示词语，接着理解字义，这样一步步下来，学生不但把诗题读准了，还把诗题读懂了。

（二）教学环节一：一读古诗，读通诗句

1. 教师行为

①出示古诗，学生自由练读古诗。要求：读准字音，读通诗句。

②同桌互相读，相互正音，比一比，谁读得正确、流利。

③推荐读，要求读正确、流利。

④师生配合，读出五言诗的节奏——一般前两个字后面停顿一下，读出节奏感。

⑤一人读古诗，全班闭眼想象画面，整体感知。

2. 学生预设

①预设 1：我好像看到了一座很高很高的楼。

②预设 2：我仿佛看到了星星就在眼前。

3. 设计意图

初读古诗，除了读准字音以外，还应该关注古诗的节奏。此处巧妙地渗透五言诗的节奏划分，通过出示停顿符号、师生配合读等多种形式诵读出古诗的节奏。

（三）教学环节二：二读古诗，读懂诗句

1. 教师行为

①随文识字"危"。

②再读诗句，诗中哪些地方写出了楼之高。

2. 学生预设

①"危"的意思是"高"，"危楼"即"高楼"。

②高百尺——抓数字，对比想象高的特点。

③摘星辰——做动作，体会理解高的特点。

3. 设计意图

识字写字是低年级语文教学的重点，多种形式随文识字符合低年级学生的心理。在此环节的教学中，联系生活和字典中"危"，有助于学生理解其含义"高"。在"手可摘星辰"诗句的教学中，教师出示了满天一闪一闪的星星，看着星星想象说话，从而感受诗人当时的心境。抓住一个"可"字，读出摘星辰的容易，从而突出楼之高。再通过教师自己的范读，一边想象画面、一边加上动作的诵读，增加了古诗学习的情趣。

（四）教学环节三：学习第二句诗

1. 教师行为

①提问：站在这么美妙的地方，李白本该高声吟诵一番，可是他却不敢，知道这是为什么吗？

②指导朗读。李白是个很浪漫的诗人，他相信九天之上就是天宫，天宫中住着许多仙人，所以他"不敢高声语，恐惊天上人"。怎么读才不会惊扰到他们呢？

③出示天宫图片，想象创编。

2. 学生预设

不敢高声语，恐惊嫦娥舞。

3. 设计意图

这一环节先通过追问为什么"不敢高声语"，从而引出"恐惊天上人"这句诗，通过对诗句的理解，再次感受到楼之高。接着让学生猜猜天上的仙人都在干什么，从而打开了学生的想象大门，并且指导读好这两句诗。最后在图片的帮助下，让学生做了一回小诗人，更深切地感受到想象的神奇。

（五）教学环节四：三读古诗，读出诗韵

1. 教师行为

①回顾小结：在《夜宿山寺》这首诗中，李白通过眼中所见，借助大胆想象，把一座高百尺的宏伟建筑展现在了我们面前，给人身临其境的感觉。摘星

辰、不敢语、惊天人，这些奇妙的想法让这首诗变得情趣盎然。

②配乐朗诵，风采展示。

③借助板书，背诵古诗。

2. 设计意图

回顾全诗内容，体会想象之妙。通过多种形式的读，达到背诵全诗的目的。吟唱全诗，又一次将课堂气氛推向高潮。

（六）指导写字，课外延伸

1. 教师行为

①出示生字"危""惊""敢"，组词，按结构来分类。

②教师范写"危"字，学生认真观察。

③出示"惊""敢"，通过比较，指导写"敢"，范写三个生字。

④展示书写，反馈评价。

2. 设计意图

语文学习中生字的学习很重要，学生要注意积累生字。

今天这节课，我们跟着李白感受了楼之高，同时也感受了诗人丰富的想象力。回家以后，希望你把这首诗背给爸爸妈妈听。

四、感悟反思

二年级学生学习古诗，重点是读好、读懂、积累诗句，适度体会古诗的意境、韵味。教师要准确定位教学目标，依据文本内容和学生实际展开教学，引导学生感受诗人大胆、夸张的想象力，取得了较为理想的效果。具体表现在以下三个方面。

（一）字词教学，落到实处

对于要认识的字"宿"，通过观察象形文字"宿"，形象地使学生明白了宝盖头代表房屋，单立人表示人。在以后的识字教学中学以致用。在写字指导上，借助一看结构，二看占格，三看关键笔画，写好"敢"字，通过观察、比较，讲清注意点，抓住关键笔画，再让学生自己来书写，降低学生出现问题的情况。

（二）紧扣诗眼"危"，读中悟情

教学中紧紧围绕"危"来教学，从诗中找出体现"危"的诗句，并一句句品味、感悟。在理解"百尺"时，以古代的平房与高山上的寺庙作对比，让学生感悟危楼之高，进而拓展了"桃花潭水深千尺""飞流直下三千尺"等诗句来理解虚指与夸张的写法，让学生学有所得。在后面诗句中通过"摘星辰"，可以"惊天人"继续渗透"高"，不断加深学生对于"高"的印象。

（三）大胆想象，学习创编

让学生一边想象画面一边读诗。巧妙创设情境，引导学生一步步地走进诗歌创编的殿堂。提供充足的素材"嫦娥""玉兔"，由简到繁，由易到难，层层递进。教师用引导性的语言打开了学生想象的大门，于是"恐惊嫦娥舞""恐惊玉兔眠"等优美的诗句从学生的口中说出，给我大大的惊喜。原来二年级的孩子也会创作古诗，原来古诗课堂也可如此有趣。

古典诗词是中华文明的宝藏，是中华文化史上的一座丰碑，彰显着中国文化的绚烂、奇特和雄伟。古诗词能给人美的陶冶和享受，使人读之口齿噙香，品之心内震荡，而后气质不凡。学生能够在学习诗词的过程中探索、发现、欣赏和感受美。在此过程中，他们逐渐学会自我成长、自我完善，热爱生活，最终树立正确的价值观。

（本节作者：海洋）

第三章 "大游戏"定位下的逻辑课程群建构

第一节 "大游戏"定位下的逻辑课程群建构

指向核心素养的数学课程，要遵循儿童的认知规律和数学学习的规律。《义务教育数学课程标准（2022版）》中明确提出"学生学习应是一个生动活泼的、主动的和富有个性的过程""课堂教学应激发学生兴趣，调动学生学习积极性，引发学生的数学思考""把现代信息技术作为学生学习数学和解决问题的有力工具，有效改进教与学的方式"。学生喜欢有趣的、有挑战性的学习内容，喜欢亲身实践、动手操作、小组合作的学习方式。如何把学生需求与课程要求结合起来呢？如何让学生在享受数学乐趣的同时，导向深度学习？答案是"游戏"。"游戏"的课程不是仅仅停留在"好玩"的层面，更体现在"价值追求"上——抓住游戏背后内涵的建模思想、规则意识和观察、推理能力等，促进学生学科素养的发展。

一、课程群定位与目标

（一）课程群定位

逻辑课程群以"大游戏"为定位，推动数学和信息技术创新融合。通过游戏化的教学形式，促进学生积极思考、动手实践、自主探索、合作交流，使体现学科本质、关注学习过程的学习活动真正发生。

（二）教育目标

将各类游戏渗透到课程的教学实践中，以此促进学生直观想象、抽象思维、数学建模、数字化学习、运算和数据分析的学科素养的形成。在这个过程中，引导学生感受、感悟我国丰富的民族数学文化遗产和信息技术的发展，激发学生学习数学的兴趣；体会数学与其他学科之间、数学与生活之间的联系，增强发现和提出问题的能力、分析和解决问题的能力。

二、课程内容

①根据学生的心理发展规律，明确适合每个年级开展的游戏形式，对数学学科教材进行整体梳理，并适当补充有助于落实学生学科素养目标的游戏内容。将信息技术作为数据处理、数据分析的重要工具，在此基础上探索进行数学和信息技术的整合，打通学科知识之间的内在联系。

②1—3 年级的学生具体思维占据主导，主要围绕学生熟悉的生活场景及物品设计情境化的数学游戏。通过形式多样的趣味游戏互动，阶梯式提升难度，不断训练学生数学思维能力。在识图、动手操作中，重点增强学生的空间想象能力和空间观念。

③4—6 年级的学生逻辑思维能力占据主导，主要围绕生活中真实的问题情境，设计"数学游戏故事"。通过探究性学习，增强学生对数学与真实生活、与其他学科之间紧密联系的认知，在重点提升学生的推理能力、运算能力和数感的同时，增强学生理解和提取信息能力。

三、课程实施

（一）打破传统的课堂教学模式

放大国家课程中的综合实践内容，推广游戏化教学，增加动手操作的比重。

在这一过程中，逐步推进小组学习、探究学习等个性化课堂教学模式，让学生学会运用信息技术手段辅助解决数学问题，提高知识迁移能力。

（二）联系生活实际，在"玩"中理解数学

从学生熟悉的生活情境入手，在"玩"的过程中，为抽象的数学知识的理解提供支撑（如车牌号、手表时间和超市商品价签等都可以变成学习的素材，借助"24点"的游戏形式，增强学生的数感和运算能力）。

（三）将编程作为增强学生数学逻辑思维与建模能力的载体之一

借助编程软件，通过丰富多样和生动形象的趣味编程游戏，给予学生更大的活动思维空间，让学生在自主探究与合作交流中增强逻辑思考能力，同时提升学生的信息素养和计算思维。

四、课程场域

建构"开放、尊重、合作、真实"的学习环境。通过游戏，打破课上课下、校内校外的时空限制。

（一）打破课上课下、校内校外的时空限制

由于数学游戏本身的趣味性和学习方式的多元性，学生"玩"起数学不再局限于课上40分钟、课间10分钟或是课后的活动时间；也不再局限于校内的学习，而是回家之后仍可利用网络自主探究，或者和家长进行游戏互动。

（二）对场地进行优化或升级改造

在校园环境上，设计与"益智乐园"相匹配的游戏型空间。考虑场地限制，可以在现有场地上进行细节上的优化或改造升级。

五、学习关系

（一）生生关系

学生既是游戏参与的主体，也可以是游戏的服务者、设计者，学生的自我教育与学生间的相互教育发挥着重要作用。如在"魔方"游戏中，班级可实行

"金牌教练"制度，由基础薄弱的学生选择能力较强的学生作为"师父"，"徒弟"学成后要为"师父"戴上"金牌教练"勋章。在这个过程中，促进学生互相合作、互相帮助，体认荣誉感和责任感。

（二）师生关系

通过游戏，教师与学生之间的交流不仅仅局限于教与学的单一关系中，而变得更加具体、直接、丰富、多元。游戏活动策划、会场布置、比赛策划、评价方式、活动总结……课程的实施过程中，只要学生能自主，都可以让学生做主。教师的角色亦师亦友，接受学生的挑战，也为学生提供适宜的帮助。

（三）家校关系

由于游戏的特点，学生回家后仍可和家长进行互动。如，可设计"玩中有学问"亲子共游戏的课程模块，增进亲子交流，增强家校联系。此外，在相对大型的数学游戏活动中，可以邀请家长作为志愿者参与到活动中。还可以利用家长职业优势，探索为数学小游戏设计小程序等，与信息技术课程内容相融合。

六、行动要点

①任命逻辑课程群建设负责人，建立课程研发小组。

②对数学课程标准和数学教材进行整体梳理，根据学生的心理发展规律，明确适合每个年级开展的不同的游戏形式。

③建设课程资源库，特别是游戏资源；挖掘家长资源，为游戏课程和活动的开展提供支持。

④加强场域建设，包括校内游戏型空间的创建。

⑤针对游戏化教学，各年级做组内研究课，梳理经验、总结提升。

⑥引入外部专家，指导课程群建设。

七、评价与收获

根据学生身心发展特点和课程实施形式，设计多种多样的评价方式。结合游戏特点，重点关注学生是否有参与、有收获。

①注重过程性评价，关注学生在游戏中的情感态度和参与性，以及观察能力、动手操作能力、想象能力、推理能力等的发展情况。

②建立荣誉评价，包括评选班级益智之星，组织年级、全校性的益智游戏比赛，评选游戏达人、乐玩班级等。

③学生可以通过演讲、手抄报、数学幻想画、好书推荐甚至是自编自演剧目等多元方式表达对数学学习的感悟和收获。

④一活动一评价，将学生在游戏活动中的表现评价纳入学科综合素养评价中。

（本节作者：任江晶、王磊）

第二节　《五子棋中的数学》实践研究

一、实施背景

（一）落实新课标，赋能新课堂

新课程标准指出，义务教育阶段数学课程要激发学生学习数学的兴趣，养成独立思考的习惯和合作交流的意愿。要合理设计课程，注重活动化、游戏化、生活化的学习设计。在课程中要以学生发展为本，使学生获得数学基础知识、基本技能、基本思想和基本活动经验的获得与发展，发展运用数学知识与方法发现、提出、分析和解决问题的能力。

因此，我们应在教学中设计生动、有趣、贴近生活的学习活动，让学生在活动中积累基本活动经验，在活动中发现问题、提出问题，并在师生互动、生生互动过程中分析和解决问题。

（二）建构课程群，践行新理念

史家七条小学在"多元成长、合作创新"育人理念的指导下，结合本校学生学习特点开展了丰富的校本课程，形成了具有七小特色的育人模式。为了能够进一步拓展学生学习空间，加强课程设计的育人功能，学校建构"万花筒 7+n"课程群，把国家课程、地方课程、校本课程一体化，充分挖掘学生潜能，优化学习策略，拓展学生学习空间。而其中的"小游戏"逻辑课程群则注重培养学生学习兴趣，发展学生逻辑思维能力。

二、设计理念

（一）在活动中学习，培养数学兴趣

在新课程标准理念下，应强化课程综合性和实践性，同时凸显学生主体地位。本课程设计了多个活动环节，在每个活动环节中通过比赛的形式激发学生的学习兴趣，让学生在积累活动经验的同时生成教学素材，并利用当堂生成的素材引导学生进一步探究连线的数对中蕴含的数学规律。

（二）在游戏中感悟，探索数学规律

在教学活动中引入益智游戏能够大大激发学生的学习兴趣和参与热情，在游戏过程中学生能做到独立思考、自主实践并形成规则意识，这对学生发现知识、体会"数学规定"的必要性和合理性有着重要意义。而五子棋是一种两人对弈的纯策略型棋类游戏，该游戏趣味横生，能锻炼游戏者的思维能力，且因其容易上手、对场地和器具要求较低，故适用于课堂教学。

五子棋游戏的棋盘空间与格子图相似，学生可以在格子图上应用数对知识与同伴、教师进行博弈，激发数学学习兴趣，同时体会棋子与棋盘上点的一一对应关系。在使用策略赢得棋局后，学生在棋局中发现数对的变化规律，并尝试借助手势想象数对之间的位置关系，初步感受数形结合思想，为平面直角坐标系的学习奠定基础。

三、实施过程

（一）故事引入

1. 教师行为

①播放哈利·波特影片片段，找到里面的数对知识。

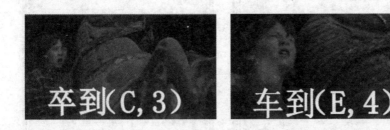

②让学生说出（C，3）和（E，4）表示的含义，规范写法。

2. 学生预设

（C，3）表示第C列，第3行；（E，4）表示第E列，第4行。

3. 设计意图

在学生感兴趣的影片当中发现所学习的数学知识，感悟数学来源于生活、服务于生活。

（二）教学环节一：挑战残棋局　复原棋盘

1. 游戏一：挑战残棋局

游戏规则：全班分成两个阵营，黑方和白方，挑战残棋局。

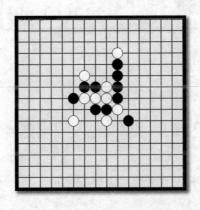

设计意图：在挑战残棋局的过程中激发学生的学习兴趣，让学生明确五子棋的玩法，会辨别胜负。

2. 游戏二：复原棋局

游戏规则：根据数对记录的博弈过程，复原棋局。

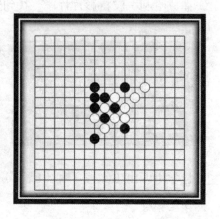

落子序号	魏老师（黑棋）	小丽（白棋）
1	（6，7）	（6，6）
2	（7，6）	（7，7）
3	（5，8）	（8，5）
4	（5，6）	（5，5）
5	（8，8）	（7，5）
6	（6，5）	（8，6）
7	（5，7）	（9，7）
8	（8，4）	（6，4）
9	（5，3）	（10，8）

记录规则：记录数对的时候要按照从左往右、从下往上的顺序。将圆片用胶钉贴在记录纸相应的位置。

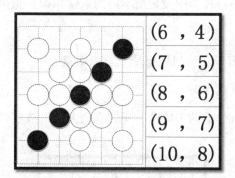

（1）教师行为

①介绍游戏规则，引导学生复原棋局。

②讲解记录规则，带领学生记录获胜五子的数对。

③系列问题：

这组数对的行和列有没有变化？怎样变化？

行、列的变化是从哪里看出来的?

在图里面是从哪看出来的?

④引导学生用手势演示行和列的变化。

（2）学生预设

①根据数对记录的博弈过程在格子图中复原棋局。

②根据教师要求在记录单中记录下获胜五子的数对及位置。

③观察、分析并根据提问回答:

这组数对的行和列都有变化。

列的变化是从数对的第一个数上看出来的,从上到下依次递增;行的变化是从数对的第二个数上看出来的,从上到下依次递减。

在图中是从横坐标上看出列的变化,从纵轴上看出行的变化。

④借助手势,定义图形名称:在演示点的变化过程中,横轴向右、纵轴向上,那我们就将这种情况称为右上。

（3）设计意图

让学生在复原棋局的过程中复习根据数对在图上确定位置的知识,同时讲解记录棋局记录的规则,并简单分析、定义图形名称。

（三）教学环节二:同伴博弈,积累素材,探寻规律

游戏规则:两人一组、三局两胜,记录棋局。

1.教师行为

①教师巡视,收集素材。

②组织交流,探寻规律。

棋局分类:你们能给这些获胜棋局分分类吗?

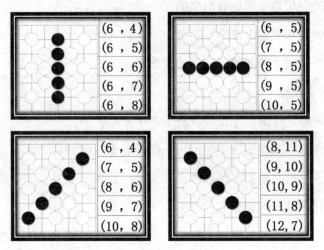

（在黑板上分类整理：水平、竖直、右下、右上）

发现特点：分别观察每一类数对和图形，有什么特点？

2. 学生预设

①同伴下棋博弈，并记录获胜五子的位置与数对。

②在教师引导下将棋局进行分类并探索规律。

列不变、行递增（竖直向上）

行不变、列递增（水平向右）

列递增、行递增（向右向上）

列递增、行递减（向右向下）

3. 设计意图

在生生互动的游戏过程中激发学习兴趣，积累数学活动经验，用数学的眼光去观察获胜棋局，发现五子连珠中蕴含的数学问题，在师生交流中总结规律，并能够结合肢体动作发展学生的空间想象能力。

（四）总结与提升

1. 教师行为

①出示数对（5，5），让学生判断（6，8）、（3，4）、（3，9）、（9，

3）的位置。

②判断五个数对之间的位置关系。

练习一：（8，5）、（9，5）、（10，5）、（11，5）、（12，5）

练习二：（11，7）、（9，5）、（10，6）、（12，9）、（8，4）

③师生小结，分析解题思路，畅谈收获体会。

2. 学生预设

根据总结的规律和先前的学习经验判断数对所对应点之间的位置关系，总结解题思路和收获。

3. 设计意图

巩固所学，运用规律解决问题，进一步提升空间想象能力。

四、感悟反思

（一）要从孩子的视角看世界

斯宾塞说过，孩子在快乐的状态下学习是最有效的。义务教育阶段的学生们好奇心强，活泼好动，用游戏串联起来的一堂课能够充分吸引学生的注意力，激发学生的学习兴趣，让学生主动地参与到课程中。因此，在游戏化课程中，教师应设置合理的教学活动，让学生自己动手、自己观察、自己思考、自己表述、自己得出结论，激发学生的独立思考能力，从而让学生们养成主动在游戏中寻找规律的思维习惯，为他们的未来学习打下坚实基础。

（二）调动学生肢体语言发展空间观念

小学阶段学生能够借助肢体语言来描述知识和交流互动尤为重要。学生通过肢体语言，能够使所学知识更加直观和形象。通过肢体语言感知和积累空间表象能够促进学生空间观念的发展。在教学中，教师让学生借助肢体语言比画图形的运动、描述物体的形状、探究方向和方位等，都能够让学生更加直观地理解知识。

在学校的支持和鼓励中，提高学习效率，将理论知识和实践行动结合在一起，达到知行合一的目的。

（本节作者：魏文凤）

第三节　探寻生活中的数学——《天气知多少》实践研究

一、实施背景

（一）落实新课标，赋能新课堂

数学是生活的一分子，它是在生活这个集体中生存的，离开了生活这个集体，数学将是一片死海，没有生活的数学是没有魅力的。小学数学新课程标准强调数学与现实生活的联系，而且要求数学教学必须借助现实的、有意义的数学材料帮助学生在身边的事情中发现数学，通过身边的事情学习数学，把数学知识应用到自己的生活中去，从而实现数学与生活在更高层次上的整合。即让学生经历数学知识生活化、生活世界数学化的过程。数学只有应用于实际，才会变得有血有肉、富有生气，才能让学生体验到数学的价值和意义，确立用数学解决实际问题的意识和信心。所以，作为数学教师要避免从概念到概念、从书本到书本，变数学练习的"机械演练"为"生活应用"。引导学生用数学的眼光去观察、分析、解决生活中的问题，通过在生活中用数学，增强学生对数学价值的体验，强化应用数学的意识。

（二）建构课程群，践行新理念

我校在国家课程教学的基础上深耕课堂，通过国家课程校本化的研究建设了"万花筒 7+n"课程群，在逻辑课程群中数学学科主打特色为"小游戏"，意在激发学生学习数学的兴趣，发展学生推理能力、逻辑能力等。

二、设计理念

纵观人教版教材学生在一、二、三年级已经有了一定的收集、整理、描述数据的学习经验，并会绘制统计表。到了四年级学生在经历收集、整理、描述数据的全过程，能用条形统计图直观且有效地表示数据。并为之后五、六年级学习折线统计图和扇形统计图的知识做铺垫。

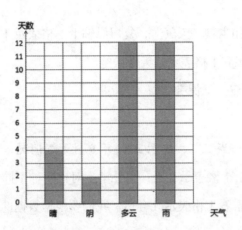

经过对不同版本教材的横向分析，我发现不同版本的教材在"以一当几"这部分内容的教学编排上存在差异，所以这也引发了我的思考，是不是可以针对这个内容进行适当整合？

本课设计是在围绕以"天气知多少"为主题，将《条形统计图》这一单元的知识学习融入这个真实的主题活动中。通过学生已有的知识经验，在自主探究中产生了需求，从而进行学习，并发展学生的数据分析能力。

三、实施过程

（一）谈话引入

1.教师行为

①谈话引入：今天的天气怎么样？

②观察统计图：你从这幅图中都了解到了哪些信息？

③提问中强调：1格表示1天。

④揭示课题：天气知多少。

2.学生预设

①回答：晴，阴……

②预设：晴天有 4 天，阴天有 2 天，多云和雨天都有 12 天。

3.设计意图

新课伊始，紧扣主题"天气"，复习纵轴上 1 格表示 1 天，每 1 格都表示 1 天，为后面学生探究 1 格表示几天做伏笔。

（二）教学环节一：探究"以一当 n"

1.教师行为

初步探究"以一当二"，出示 2012 年 9 月天气情况，绘制条形统计图，在讨论交流中发现：1 格表示 2 天；引导学生对比两种不同画法；画图时要先读数据，做规划，看看 1 格表示几合适。我们要根据数据的特点来确定 1 格代表几合适。

2.学生预设

师生共同板演，发现标准不同不能进行比较，统一标准，独立完成条形统计图。

①1 格表示 5 辆车。

②1 格表示 10 辆车。

回答：1 格表示 1、2、5、10。

3. 设计意图

通过讨论交流，在实践中探究出"以一当二"的方法，体会画图之前要先做规划的必要性，在螺旋上升的学习过程中，自主发现"以一当五或当十"，培养学生用已有的经验解决新问题的能力。

（三）教学环节二：拓展提高"以一当多"

1. 教师行为

①出示地铁运营长度统计表。

2014—2020年中国地铁运营长度

年份	2014	2015	2016	2017	2018	2019	2020
长度（公里）	2418	2723	3270	3881	4354	5181	6303

这幅图你认为一格代表几更合适？

②出示新能源汽车销量统计表。

2015—2019年中国新能源汽车销售量

年份	2015	2016	2017	2018	2019
辆数（万辆）	33.1	50.7	77.7	125.6	120.6

这幅图你认为一格代表几更合适？

③出示高铁运营里程统计表。

2014—2019年中国高铁运营里程

年份	2014	2015	2016	2017	2018	2019
里程（万公里）	1.6	1.9	2.2	2.5	2.9	3.5

这幅图你认为一格代表几更合适？

④如果把数据放到这幅图里，想象一下这些直条会有什么变化？这两个直条之间的差距有什么变化？

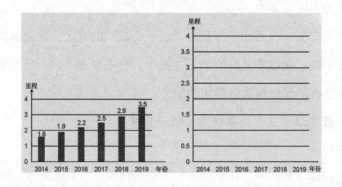

小结：这一格不仅可以表示 1，和 1 以上的数，还可以表示比 1 小的数呢！那一格到底表示多少，我们要选择更便于我们看图分析数据的标准。

2. 学生预设

观察统计图中的数据选择纵轴上 1 格表示几合适。

想象直条的变化，两个直条之间的差距有什么变化，直条高度的倍数关系。

3. 设计意图

运用本节课所学内容解决问题，想到要选择用更大或更小的标准来制作条形统计图，更便于了解数据之间的差距。感受数学与生活的密切联系。

四、感悟反思

（一）会用数学的语言表达现实世界

本节课将"天气"设为主题，通过研究 2012 年 9 月和 2021 年 9 月的天气情况引申出"温室效应"，给学生提供了丰富的数据资源，在学生自主探究的基础上帮助学生探寻画图的方法，为今后学习复式条形统计图做铺垫。

如果数学仅仅是一种束之高阁、"摆"在数学课本上的知识，即使它是那样有趣的数字游戏，不能用于生活，也就免不了渐渐被人遗弃的命运。在数学教学中，同样要注意知识的实用性，虽然教学的对象是小学生，但他们也会对"毫无用处"的知识产生反感。所以，我们教师应该充分利用学生已有的生活经验，引导学生把所学的数学知识应用到现实中去，以体会数学在现实中的价值。

（二）提升数学思维和实践能力

在数学学科中，我们要指导学生掌握应用数学思想解决问题的方法，提升数学思维和实践能力，从而发展学生的数学核心素养。因此，激发潜能、启迪智慧、完善人格，均是儿童获得"有营养"的数学学习的重要内容，需要从教材中挖掘，让其在教学实践中变得"好吃"，才能真正落实儿童数学教育的主张。

我们的教学应该深入生活的每时每刻，真正做到借助生活问题，让知识生根、发芽。

（本节作者：刘美琪）

第四节 寻访"家门口"的红色足迹，立足实践强化育人导向

一、活动背景

（一）用好红色资源，铸牢中华民族共同体意识

《新时代爱国主义教育实施纲要》明确提出：充分发挥课堂教学的主渠道作用；广泛组织开展实践活动。同时指出：建好用好爱国主义教育基地和国防教育基地，强化爱国主义教育和红色教育功能。

习近平总书记也多次强调：要用好红色资源，传承红色基因，把红色江山世世代代传下去。课程方案也提出，注重用好红色资源，强化实践性、体验性、选择性，促进学生认识家乡，涵养家国情怀，铸牢中华民族共同体意识。

（二）充分挖掘数学教学资源，在实践活动中引领学生

"万花筒 7+n"课程群的教育定位也凸显了综合实践的重要性，从学生的真实生活和发展需求出发，使学生置身于真实场域下参与实践活动，从而促使学生学科素养的生成，发展关键能力。

本案例充分挖掘数学教学资源以及红色教育资源，在开展数学学科实践活

动中渗透爱国主义思想，在实践活动中引领学生传承红色基因，厚植家国情怀。

二、活动意义

（一）增强爱国情怀，树立民族自豪感

认识到自己的身份和责任，坚定爱国信念，为祖国的繁荣富强贡献自己的力量。

（二）了解革命历史，传承红色文化

认识到红色文化的内涵和价值，更好地传承和弘扬革命先辈们的精神和文化遗产，更好地理解和珍惜我们今天的幸福生活。

（三）学会在生活中应用数学

通过生活实例学习位置与方向的知识，感受数学与生活的紧密联系，学会在生活中应用数学。

三、活动实施过程

爱国主义是中华民族的优秀传统，是中国人民在长期的历史发展中形成的重要思想和精神。红色文化资源是特定历史时期形成发展的先进文化，小学是文化传承与创新的新高地，将红色文化蕴含的资源优势转化为育人优势，让红色文化资源直抵小学生内心，是培育小学生正确世界观、人生观、价值观的重要篇章。

那么作为一名教师，如何兼顾学科教师、班主任、中队辅导员这三者的身份，如何将学科教学与德育、中队建设融合，如何引领学生从学科本位、知识本位走向学生素养本位，如何在教育教学中传承红色基因，厚植学生的爱国情怀呢？

本文主要结合人教版六年级《位置与方向（二）》教学内容开展学科实践活动，通过实地寻访北京的红色教育基地、手绘红色路线图、分享交流学习感受等活动，实现在学科实践中渗透爱国主义教育的目标。

（一）深挖教材内容，融合教学资源

六年级《位置与方向（二）》的教学内容是根据平面示意图，用方向和距

离描述某个点的位置；根据方向和距离的描述，在图上确定某个点的位置；描述简单的路线图。

经过分析教材，我发现这部分内容能够将数学知识和红色文化教育做到有效融合，因为六年级的学生对于位置与方向并不陌生，他们能够用数对确定物体位置，能够掌握根据方向和距离确定物体位置的方法，但缺少利用这些知识解决现实生活中问题的经验。

而作为首都北京，在我们身边有丰富的红色教育资源，但是你知道北京有哪些红色教育基地吗？它们都位于北京的什么位置呢？它们离我们有多远呢？红色教育基地又承载了怎样的历史呢？我想这些问题对于一个地地道道的北京人都不一定能够答出来。那么怎样将这些散点式的认识系统化，让学生对红色教育资源有更加深刻的认识呢？我设计了一节数学学科综合实践课《手绘红色路线图，共上行走的党史课》，了解革命历史，传承红色文化，增强爱国情怀。

（二）开展实践探索，厚植爱国情怀

1.明确任务，规划方案

首先我们明确了绘制任务：请你结合北京红色教育基地的位置与方向，手绘一张红色路线图。因为这个活动离学生很近，北京也有丰富的红色教育资源，比如中国人民抗日战争纪念馆、焦庄户地道战遗址纪念馆、北大红楼、圆明园遗址公园等，其中不乏有一些学生去过的红色教育基地，所以激发了他们自主探究的兴趣，并共同讨论了可能遇到的问题，有的学生提出，我们应该从哪方面入手？北京的红色教育基地有哪些？怎么测量两个地点之间的距离？还有学生提议，我们可以进行实地参观，了解红色教育基地在地图上的具体位置。如果还有问题，有的学生提出可以以组为单位群策群力解决问题，或者寻求老师、家长的帮助。

2.组建团队，实践探索

在大家的头脑风暴中，学生们组建了活动小组，利用学校的时间讨论绘制方案，设计红色路线。

利用课外时间进行实地寻访，完善路线内容。随着实践活动的不断深入，学生的关注点不仅仅在绘制路线了，他们渐渐地关注到红色资源本身。

（三）互通互融，提升认识

在进行活动总结时，我看到了学生们的互教互通。他们分享了路线内容，巩固了用方向和距离确定位置的方法。

实地寻访过程中，学生们被革命烈士不畏生死、百折不挠的精神所感动，更加深入体会了红色教育基地的党史故事、名人事迹、革命精神，感受到今天美好生活的来之不易。

还有两个小组进行了线上寻访，绘制出了长征路线和沪西红色之旅，更加深刻地领悟和继承红色精神。

纵观整个活动过程，学生们经历了操作、探究、交流等具体的活动，积累了数学活动经验，同时重走红色足迹，重温革命故事，感受中国力量，共赴了一场红色基因的教育，增强了爱国意识。大家还纷纷推荐自己的红色路线，相约打卡不同的教育基地，缅怀革命先烈，汲取奋进力量。

四、活动效果：丰富活动资源，共促爱国情怀

在教育教学中，我们还可以开展很多跨学科实践活动，比如我与学生们展开了一粒米的调查研究，体会一粒米的意义，倡导爱粮节粮；我们利用新闻时事中的数据进行分析比较，诉说祖国的辉煌成就，体会数学与生活的紧密联系，感受祖国的伟大；开展服务项目时，我们利用统计图进行分析，了解大家对于用电常识的掌握情况，普及安全用电常识……

一次次的实践活动，带给学生的不仅仅是知识的积累，更重要的是将红色基因的种子润物无声地植入学生们的心中，并潜移默化地指导他们的行为。

作为一名教师，在辅导学生的过程中，我也在完成一次次自我的成长，在今后的教学实践中，我会继续积极推进红色基因教育与学科特点相融合，在提

高学生学科素养能力的同时，有效提升立德树人的实效，使红色文化教育更贴近学生实际、走进学生心灵、激发情感共鸣，增强学生的爱国主义情感，树立民族自豪感。

五、思考空间

《新时代爱国主义教育实施纲要》明确提出要充分发挥课堂教学的主渠道作用。在小学数学教材中，有很多可以渗透爱国主义的要素，对学生爱国主义教育的培育起着润物无声、潜移默化的作用。

（一）挖掘教材中的育人元素，培育爱国精神

在教材中有着丰富的爱国主义要素相关图片，其中不乏中国特色建筑物、重要历史事件、国家经典形象等信息，也有丰富的中国古代数学发展的相关资料，将此类代表国家形象、国家智慧的内容置于教材中，通过挖掘相关内容背后的数学知识和育人要素，使学生既学习了数学知识，又感受到数学文化就在我们身边，同时体会到中国先辈的数学智慧，有效增强了民族自信心，使爱国主义情感在学生心中生根。

（二）开展综合实践活动，增强爱国情怀

在教育教学中，以说教、灌输的方式对学生进行爱国主义教育是不可取的，而应该在学生学习过程中自然渗透爱国主义情感，对学生产生潜移默化的影响。学科综合实践活动就可以作为一个切入点，比如我们可以开展"节约用水"的主题教育活动，让学生调查中国水资源现状以及家庭用水情况，在调查过程中，体会祖国的地大物博，但是淡水资源比较匮乏，从而产生节约用水的爱国之情，同时拓展延伸到节粮、节电，传承中华民族的传统美德，增强爱国主义情怀。

（本节作者：王磊）

第五节　数学实验活动——"圆的周长"

一、活动背景

（一）增强对数学的情感，形成利用数学解决问题的意识

数学课程的核心理念是让人人都能获得良好的数学教育，不同的人在数学上得到不同的发展。而数学活动的主要形式是数学思维活动，活动课为学生提供进一步学习的条件和环境，让学生在愉快和谐的气氛中学习，在动中学，在玩中学，在交流合作中学，学生在数学学习的过程中，扩大了视野，积累了数学的活动经验，体会到数学的价值，增强对数学的情感，形成利用数学解决问题的意识。

（二）课程群的角度

学校在课程建设时为了引起学生数学思维方式大的变化，在学习知识的过程中，把问题抛给学生，让学生借助已有知识经验进行探究，在活动中解决问题，所得数学知识便是学生数学思维的成果。这与国家课程内容相融合，更好地为国家课程目标服务。

二、活动意义

（一）促进学生积极思考

借助生动有趣的教学形式，促进学生积极思考、动手实践、自主探索、合作交流，使体现学科本质、关注学习过程的学习活动真正发生。

（二）培养数学学科素养形成

将数学活动渗透到课程的教学实践中，以此促进学生数感、空间观念、运算能力、推理能力、模型思想等学科素养形成。

三、活动实施过程

本节课属于数学实验活动类课程。让学生学习用做实验的方法解决问题，是设计数学实验活动课的核心理念。打破了以老师为中心、教材为中心的教学方式，真正实现了变教为学。

（一）问题的提出

新课标强调：学生的数学学习过程是一个以学生已有的知识和经验为基础的主动建构的过程，只有学生主动参与到学习过程中，才是有效的教学。所以为了让学生更好地经历知识的探索过程来了解圆的周长，首先通过回顾正方形、长方形周长的计算公式推导思路，形成逻辑起点，进而提出本节课要研究的问题"圆周长的计算公式"。那么圆的周长和什么有关？学生展开思考，得出圆周长与直径有关系，进而确定研究问题"圆的周长是直径的几倍"。

（二）实验操作，验证猜想

要想借助实验活动来解决"圆的周长是直径的几倍"这个问题，就需要在实验中经历收集数据、整理数据从而得出结论的过程。"要想知道圆的直径有什么好的方法？"学生根据已有经验得出可以将手中的圆片进行对折来测量，当无法将圆片折叠时还可以用三角尺夹出圆的直径。"要想知道圆的周长有什么好的方法？"问题抛出引发学生积极思考，"用硬币在直尺上滚动一周""先用线绳绕在纸杯口，然后再把线绳拉直测量长度"。通过铺垫问题，让学生一步步深入探究，一环扣一环的问题使学生的思维一次又一次地活跃起来，把对圆的周长的探索不断推进。

通过带领学生首先明确实验目标"圆的周长与直径之间有没有固定不变的倍数关系""理解圆周率的意义，推导圆周长的计算公式"，有了实验目标，接下来学生自己设计并填写实验报告单，收集和记录相关数据，最终通过数据分析得到了结论。

（三）介绍有关圆周率的数学史

学生通过一次次的观察、操作、实验，得到圆的周长是它的直径的三倍多一些，但是总得不到一个准确值，不禁使学生产生了新的思考，再次将课程推向了一个新的高潮。带着这样的好奇，了解数学史，明确数学家们研究圆周率的计算方法，以及其对圆周率做出的伟大贡献。正是由于数学家们执着的精神和坚韧的毅力，推动了数学文化的不断发展。他们那种在研究过程中锲而不舍的探索精神，正是"数学文化"的重要组成部分，这对于培养学生严谨治学的科学态度和百折不挠的奋斗精神都有着十分重要的意义！

四、活动效果：用做实验的方法解决问题

一节课下来，学生初步建立了"用做实验的方法解决问题"的思维框架：明确要解决什么问题、解决这个问题需要哪些数据，如何获得这些数据，设计实验过程，分析实验数据，得到结果。这种不同于以往的学习方式，让学生品尝到实验活动的价值和成功的乐趣，同时提升了学生的思维水平。

（一）数学活动有助于激发学生学习数学的兴趣

兴趣是学习的强大推动力，在数学教学的过程中，引入实验活动，能很好地激发学生的数学学习兴趣、好奇心和探究欲，调动学生的学习积极性，从而提高学生的学习效率，达到事半功倍的效果。

（二）数学活动有助于解决生活中的实际问题

数学来源于生活，结论虽然多是抽象的，但是通过安排实验活动进行辅助，将抽象问题直观化，使学生经历数学知识的建构过程，帮助学生提高认知水平，加深对概念的理解，提高解决问题的能力，使数学更好地服务生活。

五、思考空间

关注实验结果的同时，还需加强对实验过程的重视。作为教师的我们对于学生最大帮助不在于某一个知识点上的教学，而是在于学生学习过程中对于知

识求解的解决过程，所以在设计活动的时候要协助学生在自主探究和合作交流的过程中，真正理解和掌握根本的数学知识和技能，数学思想和方法，不可为了活动而活动。学生接受的数学应是"鲜活"的，在教学中要让学生自主经历发现，再创造的过程，结果仅仅是学习数学的一部分，重在要收获宝贵的活动经验，培养学生在求知过程中的探索能力。

（本节作者：沈瑶琳）

第四章 "大服务"定位下的思政课程群建构

第一节 思政课程群建构的理念与整体框架

立德树人根本任务的提出，将德育置于极端重要位置，也对学校德育课程体系的建构提出了更高要求。新课标指出小学阶段是学生世界观、人生观、价值观形成的关键时期，要以社会发展和学生生活为基础，坚持教师价值引导和学生主体建构相统一，所以，讲好思政课，引导学生扣好人生第一粒扣子，至关重要。《义务教育课程标准》中明确提出，道法课程具有综合性、实践性、开放性特点，应引导学生在实践中发现和提出问题，在亲身参与丰富多样的社会活动中，逐步形成探究意识和创新精神，教学空间应从课内向课外延伸，从课堂向学校、家庭和社区扩展。"服务学习"是综合实践活动的重要方式之一，为学生在体验、探究和问题解决的过程中，知史爱党、知史爱国，增强社会责任感，形成良好道德品质，提供了真实情境和良好载体。

"万花筒 7+n"课程群中的思政课程群计划通过以"大服务"为特色的学习模式建构，推动课程群在课程内容、形式、关系、场域和评价方面的整体变革和提升。

一、课程群定位与目标

（一）课程群定位

思政课程群以"大服务"为定位。强调充分发挥"道法课"这一主阵地作用，以"服务学习"为主要实施形式，大力推进"四史"教育、"三个文化"教育、爱国主义教育、价值观教育、理想信念教育等重要内容进课堂。将班队会、节日教育、常规教育、仪式教育等德育内容融入服务学习当中，成为服务学习的有机组成部分。

（二）教育目标

发挥"服务学习"强化个人与社会联系，以及自我完善和社会价值创造协同并进的特点，让学生通过亲历感悟、实践体验、行动反思等方式，知史爱党、知史爱国、知史爱社会主义，学会理解、同情和尊重他人，在参与社会服务的过程中，获得身心的积极发展，理解并践行社会公德，为改善社会生活和环境贡献力量。

二、课程内容

以道法课为主阵地，将主题教育与班队会、社会综合实践、公益服务、研究性学习等内容进行整合。

通过系统设计，将各类德育活动课程化，打通校内学习与校外学习的界限，让学生有更多机会了解社会、认识社会、服务社会。

低学段（1—2 年级）重在认识。使学生对学校、对家乡的历史文化、自然风光和产业特色等有初步的了解，从小种下爱党爱国、爱家爱校的种子。

中学段（3—4 年级）重在发现。带领学生走进胡同，走进名人故居，瞻仰革命遗址，参观博物馆、纪念馆等，学习革命英烈事迹，感悟伟大历史成就。鼓励学生在参观学习的基础上发现问题、提出问题，思考如何为改善校园和社区环境，服务家乡和祖国发展贡献自己的一份力量。

高学段（5—6年级）重在参与。为学生提供更加丰富的参与和体验的机会，让学生感受真实的社会，解决真实的问题。支持学生通过自己的服务和创造在美化校园、建设社区的基础上，影响更多人，做一个有担当的新时代少年。

三、课程实施

思政课程群突出"在服务中学习，在学习中服务"的实施特点，以"行动公益社"为主要的实施载体，面向所有学生，将社团的小组活动形式延伸和渗透到日常学习中。围绕真实生活中的真实问题，开展小组合作和项目制学习，将"学"拓展为"发现→计划→行动→反思→分享"的完整"服务"流程。

①针对建党节、建军节、国庆节、植树节、清明节等重要节日开展活动，引导学生认识节日文化。结合节日性质，积极利用博物馆、史志馆等场馆资源，开展服务行动，进行爱国主义教育、"四史"教育、价值观教育、理想信念教育、传统文化教育。

②将重大仪式、少先队仪式以及传统仪式结合起来，通过仪式感的塑造培养学生的责任意识，同时在仪式教育中渗透服务学习的相关内容，在全校范围内营造服务学习的浓郁氛围。

③通过行动公益社七大社团，将互帮互助、服务他人的意识渗透到日常学习生活中。同时充分调动家长的参与性与互动性，用良好家风影响学生的行为养成，为学生学以致用、服务他人奠定坚实的基础。

四、课程场域

我们将打破学校与社会的"围墙"，引导学生走出课堂，走进社区，走向社会，走进自然，寻找自己的"服务岗"。学生从书本走向实践，在充满安全和幸福的情感环境中知行合一、全面发展。学校、家庭与社区共生、共长、共荣。

五、学习关系

本课程群存在三大学习关系，相互支持、相互促进。

生生关系：通过项目小组、行动公益社社团活动等，同龄伙伴、混龄伙伴分工合作，互帮互助，增强团队合作意识和能力。

师生关系：项目策划、团队组建、活动实施、资金申请、项目总结……课程开展过程中，只要学生能自主，都可以让学生做主。教师的角色实现从"课程的发起者""学生发展的主导者"向"学生发展的引导者、促进者"转变。

家校关系：通过"好家风我传承"等活动，邀请模范家庭走进课堂分享故事，将家庭作为学校开展德育教育的重要补充。同时家长也是服务学习项目顺利开展的重要支持者。

六、行动要点

①任命思政课程群建设负责人，建立课程研发小组。汲取成功经验，并开展针对性研究。

②建设课程资源库，对已有德育资源进行分类梳理；挖掘家长资源，为服务和公益活动的开展提供更多支持。

③加强场域建设，重点拓展校外实践基地。

④引入外部专家，指导课程群建设。

七、评价与收获

设计多元评价方式，重在通过评价强化"致知力行"，提高学生的参与性、增强体验感和行动反思能力。

关注学生在课程的情感态度和行动力，一活动一评价，让学生在公益实践、社会调查、节日和仪式活动中的表现在课程过程性评价中得到充分体现，并通过如画展、答辩会、小组展示、执行报告等形式进行展示性评价。建立荣誉性评价，如每学期评选班级服务之星、每学年评选学校公益之星等。

人无德不立，国无德不兴。思政课程群将以立德树人为根本任务，不断深化"服务学习"与学科间的融合，打破学校壁垒，建构家校社联动机制，在实践中促进道德教育与法治教育，努力培养学生成为担当民族复兴大任的时代新人。

（本节作者：杨京）

第二节 《校园活动志愿者》活动课案例实践研究

一、实施背景

（一）落实新课标，赋能新课堂

立德树人根本任务的提出，将德育置于极端重要位置，也对学校德育课程体系的建构提出了更高要求。新课标指出小学阶段是学生世界观、人生观、价值观形成的关键时期，要以社会发展和学生生活为基础，坚持教师价值引导和学生主体建构相统一，所以，讲好思政活动课，引导学生扣好人生第一粒扣子，至关重要。

《义务教育课程标准》中明确提出，道法课程具有综合性、实践性、开放性特点，应引导学生在实践中发现和提出问题，在亲身参与丰富多样的社会活动中，逐步形成探究意识和创新精神，教学空间应从课内向课外延伸，从课堂向学校、家庭和社区扩展。

（二）建构课程群，践行新理念

"7+n"思政课程群计划通过以"大服务"为特色的学习模式建构，推动课程群在课程内容、形式、关系、场域和评价方面的整体变革和提升。

学生在志愿服务的过程中学会从目标和任务出发，关注他人需求，系统分析劳动资源，发展筹划思维，制订具体方案，参与实施，最终完成公益劳动与志愿服务活动全过程。

二、设计理念

（一）在活动中学习，培养社会责任感

在校园中，每一场校园活动的顺利开展都离不开大量的幕后工作者。公益劳动和志愿服务要求学生体会服务岗位的责任意识和追求完美的服务精神。学生在活动中培养设计能力、应变能力，锻炼动手能力，培育创造性，学会自我管理与团队合作能力，体验和分享服务他人的快乐，最终形成正确的劳动价值观和良好的劳动品质，强化社会责任感。

（二）在服务中感悟，梳理统筹思维

本项目重点指导学生分析学校活动的服务需求，明确岗位职责，学会当好学校活动的幕后工作者，在志愿服务的过程中，认真负责，体会服务岗位的责任意识和追求完美的服务精神，品尝和分享服务他人的快乐。通过本项目的学习，学生能够独立完成校园活动服务策划及总结，并且有经验地套用此方法在其他活动设计中。

三、实施过程

（一）故事引入

1. 教师行为

①出示奥运会比赛视频 + 奥运志愿者照片。

②引导学生分享感受：同学们，看到我国运动员在赛场上奋力拼搏，观众们齐声加油的场面，你有什么感受？会不会感到热血沸腾呢？

③如果学校召开运动会，哪些环节需要提供志愿服务，哪些服务岗位是同学们能够胜任的？安排采访任务。

采访提纲
采访目的：
采访对象：　　　　　　　　　　采访地点：
采访问题： 我调研的校园活动：   活动分为哪些阶段及需要服务的岗位：   志愿服务需求：

在采访提纲中提到了志愿服务需求，什么是志愿服务需求？需求分两方面阐述，一个是被服务者需要你提供什么帮助，二是服务者需要准备什么材料或具备什么技能，只有事先了解需求、明确需求，才能更好地制订计划，完成一次圆满的活动志愿服务。

④引导学生小组讨论后进行分享，及时点评。

2. 学生预设

翻译、引导、宣传、照相、裁判……

3. 设计意图

一场活动一般分为四个阶段，即前期准备、初期宣传、中期实施、后期收尾。引导学生对服务项目进行分类。

（二）教学环节一：学习填写志愿服务计划书

1. 教师行为

①引导学生梳理服务内容，将服务岗位分类。

②以服务内容为依据，结合个人特点组成服务小组。

③出示计划书学习单，组织学生观察、填写学习单。

校园活动志愿服务计划书

服务小组名称			
服务小组成员和 分工			
服务公约			
活动主题			
活动阶段	时间	地点	服务内容
前期准备			
初期宣传			
中期实施			
后期收尾			
其他			
活动负责老师 签字			

针对这些服务需求自愿组成小组，共同制订服务计划。在制订服务计划的过程中，我们要明确服务内容、分工，做好前期准备，合理安排时间。根据活动的不同阶段，确立服务时间、地点和内容，梳理需要服务技能、物品和注意事项。每一个活动都有相对固定的流程，只有在脑海中多次推演，关注每一个细节，才能顺利完成岗位服务。各小组同学根据既定计划进行预演，根据发现

的问题对计划进行调整。

2. 学生预设

不会设计服务内容、缺乏对服务对象和服务要求的认知。

3. 设计意图

引导学生交流分享观察、采访任务单。梳理服务内容，完成预演。在整个过程中学会如何进行活动计划，培养合作能力、协调能力和统筹能力。

（三）教学环节二：通过学习技能完成预设目标

1. 教师行为

①引导学生找到服务需求。

在制订计划和商讨服务内容的过程中，同学们找到了很多服务需求。这些需求是不是使你感觉完成任务有些小困难？这就需要我们提前学习一些服务技能，或找一些具备这项技能的小伙伴加入我们的团队，提前解决可能遇到的问题。

②引导学生分享自身技能，带动其他同学共同学习成长。

2. 学生预设

根据服务项目寻找需求，自主学习，分享交流。

3. 设计意图

培养学生自主学习意识。

（四）总结与提升

同学们，前期准备完成，就要按照计划去实施，通过自己学习的技能努力完成预期目标。在服务活动过程中还可能出现各种各样的突发状况，这就需要我们随机应变、敢于担当、互相帮助。如果遇到了自己无法解决的困难，不要慌乱，可以向老师、家长或者相关专业人士请求帮助。

在每一次服务的过程中，相信同学们会有很多感悟，请认真记录在自己的记录单上。当然，询问服务对象的意见和建议能协助我们发现不足，更好地帮助同学们快速成长，积蓄力量。

四、感悟与反思

（一）学生的视角

结合学生真实的校园生活，以最为常见的活动为例子，可利用科技节、艺术节、运动会等校园活动开展为期一周的服务劳动。引导学生了解活动目标与需求，探究制订志愿服务方案流程，学习可用的劳动技能，完成项目实施与经验分享。并在之后的各类活动中，灵活运用所学知识，参与志愿服务，开展劳动实践。

（二）教师实施过程

学生在活动中体验了发现校园真实需求—制订服务计划—学习服务技能—开展服务劳动—分享和反思的公益劳动与志愿服务的全过程。充分利用各类学习单收集、整理活动过程中的实证性材料，在每个环节中引导学生反思、评价、感悟。

（三）课程反思

利用好课本中"校园活动志愿者"服务心声学习单，引导学生回顾活动过程中的真实事例。说出真实感悟，避免大话、套话、空话。教师特别抓住学生反思交流中的闪光点，如劳动观念、劳动品质、劳动精神以及活动筹划等方面的感想和感悟。

（本节作者：杨京）

第三节　119的警示微格案例实践研究

一、实施背景

（一）落实新课标，赋能新课堂

道德与法治课程是以学生的真实生活为基础,增强内容的针对性和现实性,突出问题导向，正视关注度高、涉及面广的问题，引导学生发现问题、分析问题、解决问题，提升道德理解力和判断力。在学校的道德与法治课教学中，融入学生身边的事例，更加接近学生的生活、增加其情感的共鸣，也可帮助学生们更好地分析、解决学校日常生活的种种问题。

（二）拓展学生学习空间，培养学生的服务意识

我校在"多元成长、合作创新"育人理念的指导下，结合本校学生学习特点开展了丰富多彩的校本课程，形成了具有七条小学特色的育人模式。为了能够进一步拓展学生学习空间，不断加强课程设计的育人功能，我校还建构"万花筒7+n"课程群，把国家课程、地方课程、校本课程一体化，不断挖掘学生潜能，优化学习策略，拓展学生学习空间。而其中的"小服务"思政课程群则注重培养学生的服务意识，为自己的小家庭服务，为自己生活的社区服务，后续为我们国家服务奠定基础。

二、设计理念

道德与法治课程是以学生的真实生活为基础，融入学生身边的事例，更加接近同学的生活，增加其情感的共鸣，也更具有针对性和现实性，帮助同学们更好地分析日常生活类似事情发生时该如何正确地应对、解决问题，在培养学生学习兴趣的同时提高学生的安全意识。

三、实施过程

（一）承上启下的引入

1. 教师行为

从柱状图中我们发现全国各种火灾死亡人数最多的是家庭火灾，到底是什么原因导致的？下面我们结成小组，通过分析学习单，一起探寻一下。

2. 学生预设

在这个环节学生认真倾听老师的活动要求，并进行讨论。

3. 设计意图

学生在教师抛出的问题之下引发好奇心，跟着进入下一环节研究。

（二）教学环节一：寻找生活中的火灾原因

1. 教师行为

①请你把这次的活动要求读给大家听。

②请同学们以组为单位，打开桌子上的学习单，把重点圈出来，分析一下家庭起火的原因是什么。

2. 学生预设

学生小组活动时，念案例，分析案例中起火的原因。

3. 设计意图

给学生充足的时间念、分析案例中起火的具体原因，为后面的全班分享做准备。

（三）教学环节二：小组分享结果，提高安全意识

1. 教师行为

哪组同学分享一下组内交流的结果。

2. 学生预设

学生根据手中不同的案例进行分享。

3. 设计意图

学生通过分析手中的案例，认识到平时要多方面地提高安全意识，就可以减少家庭火灾的发生。

（四）总结与提升

1. 教师行为

小结：看，大家的安全意识可真强呀！这一桩桩、一件件悲剧的发生，想要避免，就要形成安全行为、养成安全习惯、掌握安全知识，这些都可以更好地提高我们的安全意识。可如果火灾发生了，我们该怎么自护自救呢？

2. 学生预设

安全行为、安全习惯、安全知识。

3. 设计意图

让学生跟着老师的手势一起说的过程中，再一次加深学生提高安全意识的做法。同时又抛出了"如果火灾发生了，我们该怎么自护自救呢？"的问题，过渡到下一个环节。

四、感悟反思

（一）融入学生生活中身边的事例

在本节课学生小组活动中，要分析的有三个例子，其中一个例子是家中有人做饭，忘关火出去了，与这类相近的事学生们身边常发生，如有家人做饭忙别的事导致煳锅，有邻居做饭外出导致浓烟从窗缝中冒出等。感受到身边类似的火灾危险离我们并不遥远，如果做饭的时候必须出门，一定要关火，养成这样的行为，也可以减少火灾的发生。还有一个例子，是小孩子独自在家，将点着火的纸飞机往窗外扔，导致邻居家着火，分析这个例子时，学生们通过仔细阅读，总结双方各自做的不当之处。此时，老师准备出不同小区里贴出清理楼道家中杂物的通知，并询问同学们他们生活的小区里是否也常有类似通知贴出来，从中感受到经常清理家中、楼道杂物，对消除家庭火灾隐患有多么重要。

（二）引导学生积极参与知识的建构

皮亚杰关于建构主义的基本观点是，儿童是在与周围环境相互作用的过程中，逐步建构起关于外部世界的知识，从而使自身认知结构得到发展。在本节课中学生利用已有的消防自护自救知识，通过分析学习单，积极参与到知识的建构，在火灾带来的危害、火灾发生的原因上，进行逐一分析，为后面的如何消除家庭火灾隐患、如何更好地自护自救打下基础。

（本节作者：王莉虹）

第四节 以"自我防护,一起加油!"服务学习项目为例

一、活动背景

(一)把学校育人的小课堂同社会育人的大课堂有机结合起来

党的十八大以来,以习近平同志为核心的党中央始终坚持把立德树人作为教育的根本任务,要求"在加快推进现代化的新征程中培养担当民族复兴大任的时代新人",强调"促进学生德智体美劳全面发展,培养学生爱国情怀、社会责任感、创新精神、实践能力"。

如何培养担当民族复兴大任的时代新人呢?如果只依靠理论学习是远远不够的,要让学生走出教室、走向实践,把学校育人的小课堂同社会育人的大课堂有机结合起来,将理论内化于心、外化于行。

(二)培养学生的志愿服务意识势在必行

志愿服务是社会文明的重要体现,志愿者们具备的高尚品德以及"奉献、友爱、互助、进步"的志愿精神是中华民族传统美德和民族精神的重要组成部分,是社会发展的必然需求,更是建设社会主义核心价值体系的动力和源泉。

因此,从小培养学生的志愿服务意识势在必行。通过对小学生志愿服务意识的培养,能发扬助人为乐、团结协作的精神,学生更具社会责任感,能够在力所能及的志愿服务中得到自主发展和自我完善,培养学生的家国情怀、实践能力,磨砺意志品质,肩负起新时代少年的使命担当。

(三)将志愿服务活动从校园延伸到社会

学校在思政课程建设时突出"在服务中学习,在学习中服务"的实施特点,以"行动公益社"为主要的实施载体,面向所有学生,将志愿服务活动从

校园延伸到社会。围绕社会上存在的现实问题，开展项目式学习，引导学生在发现→计划→行动→反思→分享的过程中，将自己所学与国家社会需要相结合，为学生学以致用、服务他人奠定坚实的基础。

二、活动意义

近年来，拐卖儿童事件频繁发生，且手段多样，令人不寒而栗。孩子被人贩子拐走，是每个家庭都不能承受的噩梦。"宝贝回家"是与公安部合作的中国最大的寻找失踪未成年人的公益网站。在该网站创建期间，共发布了近百万条"家寻宝贝"（寻找失踪儿童）和"宝贝寻家"（失踪儿童找家）信息。而这些，仅仅是这个网站的不完全统计。

对付人贩子，不仅要靠警察，更要提高孩子与家长的防范意识，多一分小心，才能少一分伤害！于是在辅导员刘欢老师的带领下，五（2）中队发起了"自我防护，一起加油！"公益项目，希望通过学生的视角、多元化的宣传和讲解，用学生的方式教会他们"防拐"知识和"逃脱、防身"技巧，提高家长和孩子的防范意识，将事情发生后的"亡羊补牢"变为事情发生前的"防患于未然"！

三、创想梦工厂——种下一颗公益的种子

《自我防护，一起加油！》项目组自2019年11月启动，至2021年6月圆满结束，共分为项目筹备、项目实施、项目总结反思三个阶段。

（一）筹备阶段——"星星之火，可以燎原"

在项目筹备阶段，项目组成员首先在五（2）中队进行了宣讲，然后在校内进行宣传。后受疫情影响，项目组将线下会议转为线上会议、电话会议等多种形式，对项目工作进行分类整理，并且制订了项目进度时间表。

（二）实施阶段——"千里之行，始于足下"

在项目推进的过程中，为了使项目不断完善，项目组成员开设了"走开吧，坏蛋"公众号，开展了线上问卷调查。考虑到受众人群的不同，项目组将调查问卷分为家长卷和学生卷两部分，共收集到有效家长问卷 341 份、学生问卷 366 份。项目组及时对问卷的结果进行了梳理分析，并对后期项目执行提出了改进意见。

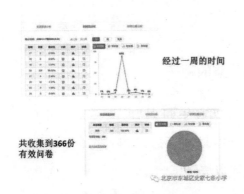

经过一周的时间

共收集到366份
有效问卷

分别有国外及国内10余省份的家长参与了问卷调查，其中北京地区的参与数量占到92.04%

根据问卷结果，项目组开设了"防拐骗知识小课堂"，以儿童拐骗防身等问题为切入点，对防拐骗知识和防身小技巧进行讲解。

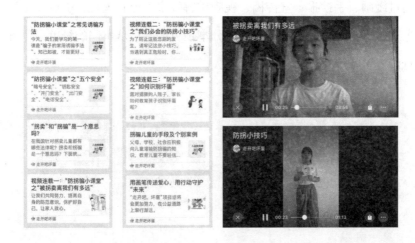

随着疫情的好转，项目组开启了线下实践活动，先后在东城区、西城区、朝阳区宣传讲解防拐骗知识、防身小技巧。

项目组展开了"用画笔传递爱心，用行动守护未来"的漫画绘制活动，大家纷纷拿起画笔，画出心中的感悟，将防拐骗小技巧形象化、生动化，以便更好地被大家理解。

（三）总结反思阶段——"精诚所至，金石为开"

活动实施完成后，项目组对活动的全过程进行了梳理，总结经验，交流感受，通过漫画、手抄报、宣传稿、视频讲解等多种形式展现，随后又走进中国教育电视台进行项目的汇报和宣传，分享项目经验，从不同的维度、广度、深度进行渗透，整个过程参与人数近万人。

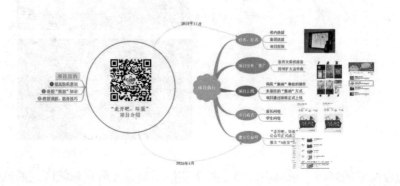

四、学生行动日记——记录公益之花盛开全过程

我作为"自我防护，一起加油！"项目的发起人，最深刻的感悟就是：一次次的善举易，坚持的善举难！

项目从立项到团队组建，再到筹划实施推广，其间曲曲折折，波折不断。疫情的影响是最大的，我们紧急调整了项目实施方案，将线下实践改为线上活动。项目一次次调整、一次次推进、一次次完成，让我深深感受到，一次公益活动传播善举是容易的，而克服一切困难，不断地传播善举，就显得无比艰难。尽管困难重重，我们项目组最终坚持了下来。

项目组走到今天，我的团队小伙伴给了我莫大的支持和鼓励，我要由衷地感谢他们。项目的结项并不是终点，而是新的起点，我们会把"防拐、防身"

作为我们宣传的重点，去帮助、提醒身边更多的人，使更多的家庭免受分离之苦。

五（2）中队　陈绍庭

五、学生反思工具——从回望中汲取前行力量

问题	反思日记
发生了什么	受疫情影响，项目所有的线下活动不能如期进行，小组成员也无法见面，更不能在校园和社区进行宣传和实践。
有何感受	计划总是赶不上变化，办法总比问题多，任何时候，一个好的团队，一定能有1+1大于2的效果。
有哪些主意	重新调整项目推进表，明确每个成员要做的工作和完成的时间节点，留存好过程性资料。 沟通是解决问题的好方法，疫情期间项目组成员不能时时相见，但通过视频、电话会议等方式，大家集思广益共同解决问题。
有哪些问题	准备不足，对于各种突发情况没有充足的应急预案。资料留存的不完整，最后总结反思的时候存在前期资料缺失的现象。 调查问卷的设计不够完美，有些问题的答案不能直接反映出我们要了解的情况。
教师评语	在这次项目中你能够和同伴一起及时推进项目，确保项目保质保量顺利完成。不仅如此，你用你的作品向大家生动有趣地介绍了防拐骗知识和逃脱、防身技巧。你是一个很有想法的孩子，希望你的这份爱心可以影响、带动更多的人。

六、家长感悟——在公益服务中和孩子一起成长

在这半年多时间里，孩子们从最初小组面对面学习防拐骗知识，编写"儿童防拐骗"顺口溜，并录制成视频宣传片，到创办"走开吧，坏蛋"微信公众号，进行每周一篇的推送宣传，再到后来疫情期间各自在家中绘制防拐骗卡、录制宣讲视频等，我看到孩子们在潜移默化中成长，他们变得敢于表达自己的意见和想法，有责任心，遇到困难积极想办法解决。虽然疫情期间不能见面，但微信视频相聚丝毫没有减少孩子们的活动热情。除了孩子能力上的收获，我更为他们能提升安全意识感到高兴。

通过参与"自我防护，一起加油！"项目，孩子们多方收集资料，观看相关视频，浏览防拐骗安全知识网页等。在学习中，他们了解了法律知识、拐卖儿童案例、拐骗儿童的惯用方法以及如何防范等，提高了自身的安全意识，并把自己的所学所感通过公益项目传递给更多的人，让更多的家庭受益其中。

五（2）中队　张笑晴家长

七、帮扶对象——公益服务社会，爱心连接你我

帮扶对象感言（幼儿园教师）

现场的家长都很忙碌，每天接送孩子的多是爷爷奶奶或姥姥姥爷。老人们的危机意识相对淡薄，有些腿脚不灵便，更给了人贩子可乘之机。这个项目宣传对幼儿园的小朋友来说简直太有用了。在班里给小朋友们看了"防拐、防身知识小课堂"以后，小朋友们都很喜欢。这种形式让他们的接受度更高，确实学到很多有用的知识。希望这个公益项目继续做下去，去帮助更多的人。

八、活动反思——公益，我们一直在路上

"自我防护，一起加油！"公益项目历时近两年，项目以幼儿、少儿的"防拐、防身技巧"为切入点，通过问卷调查的方式，确定宣传重点，教会大家防拐、防身小窍门，并利用网络资源提高人们的危机意识，提升自我保护及自我防范能力。

项目实施的过程中，学生走出校园，走出课堂，走向社会，走上了与实践相结合的道路，到社会的大课堂上去见识世面、施展才华、增长才干、磨炼意志，在实践中检验自己。不仅项目组的几位成员积极参与其中，学校其他班级的学生也积极参与此项活动，在活动中锻炼自己的能力，在实践中茁壮成长。

当然，学生在实践的过程中，也表现出了经验不足，处理问题不成熟、书本知识与实际结合不够紧密等问题。在回到学校后，我继续引导学生积极探讨，梳理问题，把学习到的新知识，不断深入实践中，检验自己，锻炼自己，

为今后更好地服务于社会打下坚实的基础，进一步培养学生的家国情怀及社会责任感。

九、思考空间

此项目主要在东城区、西城区及朝阳区开展，考虑可以扩大项目实施的范围，让更多的学生及家长了解骗子的手法，知道防拐知识和逃脱、防身技巧，提高防范意识，让更多的家庭免受分离之苦。

（本节作者：刘欢）

第五章 "大生活"定位下的劳动课程群建构

第一节 劳动学科课程群建构的理念与整体框架

随着劳动教育相关政策的接连发布,劳育被提升至极其重要的位置,是五育中不可缺少的一部分。这也需要学校对小学劳动教育重新理解,并对劳动教育的定位准确把握。劳动教育不能只依靠"在学校""做手工"而达成,要以日常生活劳动、生产劳动和服务性劳动为主要内容展开。

抓住小学阶段劳动教育"生活化"的特点,建立家庭—学校—社会三级联动的劳动教育课程体系,聚焦对学生的劳动意识启蒙和劳动习惯培养。从"日常生活"提取真实教育素材,低年级重在让学生学会生活自理,感知劳动乐趣;高年级重在让学生学会与他人合作劳动,体会劳动光荣。

一、课程群定位与目标

(一)课程群定位

劳动课程群以"大生活"为定位,充分关注学生的真实生活。结合小学生的身心特点,将学生熟悉的、与他们的生活密切相关的衣、食、住、行、用融入课程群设计中，引导学生体验生活，关注生活中的现实问题，给学生提供真正的劳动机会。让学生在实际生活中、特定岗位上经历劳动过程，感受不同劳动的艰辛，思考不同职业岗位上的人是如何通过劳动服务社会进步和发展的。

（二）教育目标

在探索和解决真实问题的各类劳动中，引导学生体会劳动价值，帮助学生形成良好的劳动习惯和积极的劳动态度，培养学生成为生活中的劳动小能手和有心人，以劳树德、以劳增智、以劳强体、以劳育美。

二、课程内容

①学生通过劳动技术课程的学习，掌握基础劳动知识与技能。依据课程规定，学校在三年级至六年级开设劳动课程，各年级每周一课时，主要学习内容包括：纸工、泥工、小木工、小金工、种植、养殖、编织、缝纫、刺绣、家庭烹饪等。

②扩展课外教育，创造劳动环境。

③充分利用学校、家庭、社区等各种资源，开展具有使用场合特点的多种教学形式，开展具有开放性、综合性、创造性的学习活动。建立"班级—学校—家庭—社区/社会"四级联动的劳动教育课程体系，整合校园劳动、家务劳动、劳动技术、社会服务等丰富的学习形式，围绕"衣、食、住、行、用"等方向，进行课程群的内容设计。

围绕"班级/学校生活"主题，结合日常班级建设管理，学生进行劳动角色的分工，围绕每日班级值日等活动，开展潜移默化的劳动教育，人人都是参与者，同时结合学校的"小抹布"活动，学生通过自己的双手，用劳动共创整洁、美好的班级和校园环境。

围绕"美化校园环境"为主题，各班在教室内设立绿色园地，由专人负责日常绿色植物的养护，美化班级环境。学校设立校级绿色园地，向全校征集志愿者，作为绿色园地的养护小卫士，学生通过精心培育，给大家创造一个美丽的校园环境。

围绕"家庭生活"主题，通过"家庭大扫除""家庭小妙招""我的爱好天地""美食日记"等内容，将劳动课程中学习的基础知识与技能，融入生活中，在家庭生活中实践尝试，将理论化为行动。学生学会做家务劳动的同时，养成劳动习惯；练出好厨艺的同时，学会珍惜粮食、健康膳食。

围绕"社区生活"主题，学生积极参加社区劳动实践，与少先队服务学习课程相结合，发现身边的、生活中的劳动线索，如以班级小组为单位，设置"垃圾分类小督导""社区卫生检查员"等实践岗位，学生参加"胡同捡脏护绿"等实践活动，增加劳动实践锻炼机会。

三、课程实施

以实践为课程实施的突出特色，将"劳"和"动"贯穿课程学习的所有环节。基于各类生活场景，为学生提供各种劳动机会，让学生在出力流汗中成长。

在"社会生活"主题中，结合节气和节日，实施丰富的劳动形式：在春分学习种植农作物，在新春开展大扫除，在中秋节学习做月饼，在芒种时节开展农家生活体验，在劳动节开展"遇见未来的自己"职业体验、"大手拉小手"志愿服务等，在元旦开展"走进我们共同的家"社区服务活动等。

将劳动与探究学习相结合，让学生在劳动中发现生活中的实际问题、基于问题寻求解决策略和改进方法，提升劳动效率，体会劳动的价值。如带领学生走进农场，感受现代农业技术如何提升劳动效率；走进社区，探究垃圾分类及回收处理等。

四、课程场域

鉴于"生活化"的特点，劳动课程群的实施需要家庭、学校、社会各方面共同参与，这也使劳动拥有了广阔的空间：班级、学校、家庭、社区都是天然的、真实的劳动场域，班级图书角、学校食堂、家中厨房、胡同街道、社区广场，都可以是课程的发生地。

五、学习关系

本课程群存在三大学习关系，相互支持、相互促进。

生生关系：既有学生独立劳动也有和同龄伙伴、混龄伙伴的合作劳动、集体劳动。

师生关系：教师既是"引导者"，以身示范，也是"促进者"，为学生提供适时的指导。

家校关系：无论是围绕"家庭生活"的劳动专题，还是其他的劳动课程，家长都是重要的课程参与者和支持者。比如通过"勤劳爱家"课程模块，强化家校协同，营造重视劳动、热爱劳动的家庭氛围；建立"家长大拇指银行"，打卡记录学生的家务劳动情况等。

六、行动要点

①任命劳动课程群建设负责人，建立课程研发小组。

②开展组内研究课，梳理劳动课程已有成果，建构课程群整体框架，研发模块内容。

③加强场域建设，如校内探索建立"耕读园"劳动实践平台；校外用好北京市劳动教育示范基地资源，为学生了解智慧农业、进行职业体验等提供优质平台。

④加强家校联系，通过家长学校等载体，引导家长树立正确的劳动观念，配合课程实施。

⑤引入外部专家，指导课程群建设。

七、评价与收获

在课程评价上，关注体验式、实践式活动的过程性评价，重点包括学生在班会活动、社团活动、节日活动、实践活动、社会服务活动等过程中的劳动的表现与发展情况。

①采用打卡评价方式，通过家庭打卡、班级打卡的形式，评价学生劳动习惯的养成情况。

②采用家长反馈评价方式，由家长对孩子的劳动表现情况与成长情况进行及时记录与反馈。

③采用荣誉评价方式，通过积分制、比赛等形式评选各级劳动榜样、劳动能手。

通过以"大生活"为特色的学习模式建构，将劳动教育与真实生活紧密连接，推动劳动课程群在课程内容、形式、关系、场域和评价方面的整体变革和提升，在真实的生活中，学会劳动、热爱劳动，在出力流汗中收获成长。

（本节作者：李阳）

第二节 劳动勤于手 美德践于行——班会课实践研究

一、实施背景

（一）落实新课标，赋能新课堂

新课程标准指出，第二学段学生，定期整理居室里的书柜、衣橱、鞋柜和教室里的"图书角"、卫生柜、讲台桌面。将物品摆放整齐，归类收纳，做到有序、合理、便于取用。懂得"一分耕耘，一分收获"的道理。体会劳动光荣、劳动无高低贵贱之分的道理，认识到美好生活离不开各行各业的劳动者。尊重劳动，尊重劳动者，初步养成热爱劳动的态度。

本次课程，继续学习教室内物品、居室书柜等整理与收纳的方法，并能运用这些小妙招到生活中。养成物品摆放整齐，及时归类收纳、整理教室内物品、居室内的书柜的习惯。体会劳动的快乐，形成热爱劳动、主动劳动的意识。

（二）建构课程群，践行新理念

史家七条小学在"多元成长、合作创新"育人理念的指导下，结合本校学生学习特点开展了丰富的校本课程，形成了具有七小特色的育人模式。为了能够进一步拓展学生学习空间，加强课程设计的育人功能，学校建构"万花筒7+n"课程群，把国家课程、地方课程、校本课程一体化，充分挖掘学生潜能，优化学习策略，拓展学生学习空间。劳动课程群，意在培养学生养成劳动的习惯，热爱劳动的态度。

二、设计理念

（一）在活动中学习，培养劳动习惯

通过班会课的劳动教育，学生能够形成正确的劳动观，树立劳动最光荣、最崇高、最伟大、最美丽的观念，体会劳动创造美好生活，认识劳动不分贵贱，热爱劳动，尊重普通劳动者，培养学生勤俭、奋斗、创新、奉献的劳动精神，具备满足生存发展需要的基本劳动能力，形成良好劳动习惯。

（二）在生活中勤奋，树立美好品德

学生在劳动中感受甜酸苦辣，体会勤奋劳动的快乐和成就感，体验存在的价值，养成吃苦耐劳、勤俭节约的好品质，在劳动中锻炼自己，完善自己、成就自己，最终成长为有担当、肯担当的社会主义建设者和接班人。

三、实施过程

（一）展示现状，开展劳动

1. 教师行为

①创设情境，交流中展开劳动话题。

②继续开展了"劳动勤于手　美德践于行"的活动。

2. 学生预设

有的做自己喜欢的活动，有的在家动手劳动。

3. 设计意图

生活无处不劳动，良好的班级卫生、舒适的家庭环境，都是勤劳的双手创造出来的。劳动不是一次两次，也不是三天五天，而是要长期坚持去做。学生大部分已经会整理自己的位斗，但能坚持去做的很少，因此继续开展劳动活动，促使学生坚持劳动，养成劳动的习惯。

（二）教学环节一：班级锻炼，养成习惯

1. 教师行为

①结合班级情况，交流个人想法。

②学生示范，交流整理、收纳的方法。

③梳理方法，达成共识。

④引导学生，及时、快速整理。

⑤动手整理，劳动实践。

2. 学生预设

①从观察中表达感受。

②说整理收纳技巧与方法。

③在劳动中表达自己的窍门，补充完善。

④交流中感悟，感悟养成热爱劳动的好习惯。

3. 设计意图

带入班级生活，激发学生主动整理的热情，按方法有条理地整理。再通过交流，学生了解到整理收纳要及时、要快速。通过比赛的形式，学生养成物品摆放整齐，及时归类收纳、整理的好习惯，进一步感受到好习惯的形成需要长期坚持。

（三）教学环节二：居家整理，主动劳动

1. 教师行为

①视频展示，学生居家收纳方法。

②让学生自由分享，各自整理收纳小妙招。

③展示学生动手制作的作品，装饰自己的环境，营造良好氛围。

④父母寄语，促进学生积极劳动。

2. 学生预设

①补充自己居家整理的方法。

②分享劳动生活中的小技巧。

③分享自己劳动布置的书桌、房间。

3. 设计意图

分享同学在家整理书桌、装饰布置书桌的例子，激发学生主动收拾书桌的意识。让学生理解及时整理与收纳能让生活、学习环境变得整洁、美好的道理，形成热爱劳动的态度。

（四）总结与提升：发起倡议，持续劳动

开启 21 天养成习惯"美好生活小达人"活动。

四、感悟反思

（一）从孩子的视角看劳动

劳动从生活中来，学生对于一些劳动的方法已经掌握，本节课让学生梳理方法的同时，分享自己在劳动中发现、总结的技巧与方法，生生互动，再次让学生产生主动劳动的意愿，把热爱劳动养成习惯。在学校锻炼，居家继续劳动，运用同学的方法，相互勉励，最终达到主动劳动，热爱生活。

（二）激发持续劳动热情

创设生活情境，激发学生继续劳动的热情。让学生有主动劳动的意识，想让学生坚持劳动，养成劳动的习惯，本课采用 21 天坚持每天劳动打卡的评价机制。学生对自己劳动成果自评，在班级内拍照上传劳动成果后老师评价。学生之间互相评价、相互激励。居家劳动时，家长评价。还有一个加分项，除了整理学习用品，能拓展到整理生活用品，给予加分。最终达到培养劳动意识，促进学生劳动习惯养成。

（本节作者：刘蕊）

第三节　"小抹布在行动"——劳动改变生活

一、活动背景

（一）加强学生的劳动教育，对学生的健康成长意义深远

2018 年，习近平总书记在全国教育大会讲话中明确将劳动教育确定为全面发展教育的一个不可或缺的组成部分，他在参加"快乐童年，放飞希望"主题队日活动时，对少先队员们说："生活靠劳动创造，人生也靠劳动创造。你们从小就要树立劳动光荣的观念，自己的事自己做，他人的事帮着做，公益的事争着做，通过劳动播种希望，收获果实，也通过劳动磨炼意志，锻炼自己。"可见劳动教育对青少年的成长有着重要影响。加强学生的劳动教育，不断提高学生的劳动素质，对学生的健康成长和国家的转型发展意义深远。

（二）依托语文课和少先队活动为载体，丰富劳动教育内涵

在义务教育阶段，要厚植中小学学生正确的劳动价值观和良好的劳动品质，不是一朝一夕就能形成的，要遵从教育规律，按照学生在不同学段的成长特征，建构螺旋上升式劳动教育体系。作为少先队辅导员，我依托语文课和少先队活动为载体，丰富劳动教育内涵，使学生在课堂上，活动中接受劳动教育，培养劳动能力，从而形成热爱劳动的精神品质，促进学生德智体美劳全面发展，有利于学生形成对学校、家庭乃至对国家的义务感和责任心。

（三）对学生进行劳动教育，使其养成初步的劳动技能

作为新时代的青少年劳动现状是怎样的呢？经过前期问卷调查，班级中的孩子都能清晰地辨识出劳动项目，并且都有参与到学校、家庭的劳动之中，但如果深入观察便会发现，大多数孩子在家缺少劳动的机会，有些家长观念滞后，片面追求智育发展，还有的家长对孩子过于溺爱，使孩子"衣来伸手，饭

来张口"劳动观念匮乏，甚至劳动能力丧失；在学校劳动时，有些学生会积极参与劳动，有些孩子对劳动表现很冷淡，事不关己，更有孩子中出现"肩不能挑，手不能提"，轻视劳动、不喜劳动、不会劳动，不珍惜劳动成果的现象；孩子们缺少劳动技能，生活自理能力下降，学生全面发展无从谈起。综述可见，对学生进行劳动教育，使其养成初步的劳动技能，培养学生劳动意识和责任感势在必行。

二、活动意义

（一）开展实践劳动活动，促进学生良好品德的形成

开展"小抹布在行动"的实践劳动活动，能够提高学生的劳动认知、学习劳动技能，懂得劳动光荣、懂得自己的幸福靠劳动创造，热爱劳动和劳动人民，能促进学生良好品德的形成。

（二）树立劳动观念，培养劳动意识和劳动习惯

劳动实践活动可以帮助学生形成正确的劳动观念，激发学生对劳动的热爱和认识到劳动的价值，培养勤劳、自律和勤俭节约等良好的劳动精神，提高团队的凝聚力，让学生在劳动实践活动中发挥自己的作用。

（三）增强社会责任感

通过劳动实践活动，学生可以更深入地了解社会生产、生活和管理的各个方面，更加感受到社会责任的重要性，形成积极的社会意识，从而更好地为社会做出自己的贡献。同时学生在劳动中不断克服困难，也有利于形成坚强的意志，使学生养成吃苦耐劳、勤俭节约、勇敢诚实的良好美德。

（四）培养创新意识和创造能力

劳动实践活动可以促进学生积极思考，发掘生活中遇到的问题，并通过自己的思考和实践创新解决生活中的实际问题，从而培养出创新意识和创造能力。

三、活动实施过程

（一）准备阶段

1. 加强劳动宣传，营造劳动氛围

通过家长会、家访等形式对学生家长进行劳动教育的宣传，引导家长认识劳动对培养学生优秀的思想品质、形成良好行为习惯有重要作用，使家长能积极主动配合班级开展各项校内外劳动教育活动。

2. 制订劳动实践活动内容，提高学生劳动实效性

制订切合本班学生实际情况的劳动实践活动实施细则，组织全体学生学习细则，确定参与活动的参与者、组织者、引领者，确保活动可持续开展。

3. 为学生提供班级劳动实践活动的工具

如：扫把、抹布、簸箕、水桶、墩布等。进行简单种植方法和养护方法的指导。

4. 动员学生积极参与

动员学生积极参与服务学习活动，合理分工，积极参与，做好实践活动的资料收集。

（二）实施阶段

1. 小学语文课程教学中渗透劳动精神

作为语文学科的少先队辅导员在教学过程中要明确重点不是培养学生的劳动技能，而是结合课文内容培养学生的劳动精神，让他们理解劳动精神的含义，进而养成吃苦耐劳的精神。

借助《田家四季歌》《纸的发明》《中国美食》《最大的"书"》等课文的学习，给学生普及传统农业劳动、手工艺劳动、家庭劳动和新型劳动的知识；借助口语交际"做手工""剪窗花"等语文实践活动，培养学生的手工制作能力，借助《千人糕》让学生感受到一粥一饭来之不易的道理，借助《祖父的园子》让学生对大自然更加亲近，对劳动生活更加喜欢，借助《刷子李》《金

字塔》让学生感受劳动者匠人精神与劳动智慧。通过写漂流日记，用自己的方式表达对劳动的理解，对劳动人民的赞美。在学习过程中，学生不仅学到了劳动知识，还丰富了自己的思维宽度和广度。

2. 班级日常管理中提升劳动技能

班级中孩子缺乏劳动意识，班级中日常的一些劳动，有的学生都不愿意去做，总喜欢坐享其成。我通过班级日常管理，开展"小抹布在行动"活动，让学生从简单的擦课桌、收拾自己的学柜开始做起，进而推广到打扫教室卫生、为同学分餐具、还餐车，这些学校生活中最常见、最基础的劳动做起，采用轮换制度，使每名学生都有参与劳动的机会，采取班级评比，选出"最佳值日生""最佳小美工""劳动小明星"，为学生树立起"劳动最光荣"的理念，学生们积极主动地投入劳动中，体验劳动的快乐，分享劳动的成果和感受，体会到劳动精神的真正意义。

3. 积极开展劳动实践活动，拓展劳动内涵

少先队活动中的劳动教育不仅是理论教育、思想教育，更是实践教育，要在班级中努力打造劳动教育的环境，积极开展形式多样的劳动活动，从根本上锻炼队员们的劳动能力，培养主动劳动意识。

（1）利用传统节日设计特色劳动活动。

（2）植树节开展"我与小苗共成长"等主题活动。

植树节开展"我与小苗共成长""我是小小护理员"的主题活动，我为队员们精心准备了小花盆和农作物种子，在班级中一起种植，我还组织队员们成立种植小队和养护小队，每天由专人负责给植物浇水、施肥、除虫，给班级中饲养的小金鱼、小乌龟、小青蛙、蚕宝宝等小动物喂食、清理环境卫生，队员们在漂流日记中记录了劳动中真实的感受，从充满期待到亲手实践再到分享劳动果实的喜悦，每一个环节，队员们都充满好奇，积极参与。

（3）五一劳动节开展"给小书桌美美容"活动。

五一劳动节我们一起开展"给小书桌美美容"活动，每个队员都用小抹布

擦拭自己的小书桌、小柜子，动手能力强的队员主动擦黑板、窗户、讲台，队员们在劳动中摸索出窍门，有的同学研制出课桌清洗液、地砖清洁液、桌椅整齐线，制作了课桌收纳盒。分享了劳动技巧：要想地面干净，桌椅腿里的污垢必须挖出来；要想玻璃干净，湿纸巾和报纸少不了；要想黑板干净，干湿抹布分头擦。队员们通过劳动美化了自己的书桌，清洁了班级卫生，也增进了同学之间的友谊。

（4）学雷锋纪念日开展"争当小雷锋"活动。

我们一起开展"争当小雷锋"活动，队员们讲雷锋故事、做纪念雷锋小轻卡，参与服务性学习活动，在校园中队员们帮助一年级小同学打扫卫生，做志愿服务的小讲解员，参与校园图书的摆放，维护楼道课间纪律，节假日队员们还走出校园为社区街道打扫卫生，做垃圾分类小督导员，整理共享单车，救助流浪猫，为福利院儿童送温暖，这些活动让队员们懂得劳动是感恩，是责任，是奉献，是服务。

4. 家校合作中培养劳动习惯

劳动教育光靠学校努力是不够的，还需要家庭和学校的共同努力，发挥各自的优势，形成全面的劳动举措，促进学生自发、自律地将劳动理念转化成劳动习惯。

我动员家长积极配合，率先垂范，制订家中可行性劳动计划，在家中给孩子参与家务劳动的机会，孩子们在家长的帮助下积极开展尝试学做一道菜，尝试打扫设计自己的房间，尝试给家中宠物清理粪便，清洗皮毛，尝试对家中电器进行正确、合理的维护。在家务劳动中尝试开展项目式学习体验：在"厨房小当家"活动中，孩子们经历设计菜谱、经费预算、买菜、烹饪、点评菜品、收拾碗筷等过程，积累经验与家庭成员分享快乐，获得了劳动最光荣的情感体验。

通过参与形式多样的家务劳动，学生掌握了劳动技能，增进了与家长的感情，形成了家庭责任感，也培养了孩子们独立解决问题的能力和对科学知识的热爱。

5. 携手校外公益服务劳动实践，提高队员们社会责任感

积极引导学生参加直接为社会公益事业服务的无报酬劳动，如参加社区举办的义务宣传、爱心义卖、帮助孤老等活动，为每名参与活动的学生设置了爱心章、护绿章等，引导学生勇挑重担，争做合格的社会"小公民"。

活动中，把劳动实践活动与争章活动相结合，极大提高了学生的劳动意识和积极性，让学生有了一定的社会劳动实践经验，促进了学校劳动实践的实效性，也提高了学生服务意识和社会责任感。

（三）总结反馈阶段

1. 多渠道开展劳动实践活动，形成良好的劳动氛围

在不同学科课程基础上，进行多学科融合教学，深入挖掘各学科教材中劳动的内涵，为学生提供多种劳动学习经历，丰富学生的学习经验。如定期开展学生优秀作品展：变废为宝小制作、心灵手巧我在行、家务小达人、垃圾分类我在行、护绿小卫士、厨房小当家等主题活动，在活动中培养学生的观察力、想象力、动手能力，创意物化能力，使学生体会不同劳动的喜悦，为丰富学生的劳动课程打下基础。

2. 以创立"服务岗位"为抓手，为学生搭建多元劳动的成长舞台

结合班级学生的实际情况，打通家庭、学校、社会多种渠道，拓宽学生劳动的外延，广泛地为学生创立劳动服务实践岗位，为学生搭建多元劳动的成长舞台。使学生在形式多样的劳动实践活动中用自己的眼睛去学习，用双手去实践，用心灵去体验，用自己的智慧去感悟劳动的意义，从而体验劳动的快乐，把劳动内化为健康的思想品格，外显为良好的行为和自觉的习惯。

四、活动效果：主动参与劳动实践活动，感悟快乐与成长

（一）在劳动中收获团结友爱

学生在形式多样的劳动实践活动中互帮互助，团结协作。种植小队的学生

以组为单位在老师的指导下，聚精会神地学习蔬菜种植的相关知识、注意事项，随后就迫不及待地在小花盆里大展身手。孩子们有的挖坑，有的翻土，然后将一棵棵茄子、西红柿的幼苗小心翼翼地种到土里，养护小组的学生每天定时为植物浇水、施肥，在种植小菜园的舞台上，学生增长了种植知识，也收获了同学之间互相帮助的友谊。

养护小队的学生自发带来小金鱼、小蝌蚪、蚕宝宝在班级养护，课间，随时可见学生精心照料着班级的小宠物，小金鱼每天中午喂一次鱼食，小蝌蚪每天换一次清水，蚕宝宝每节课后都要喂食桑叶，学生看到桑叶吃完了，同学之间就纷纷想办法找桑叶，有的学生网上下单，有的学生亲自采摘，更有的学生大方地把自己的桑叶拿来赠送，养护一段时间后，班级中的小宠物也发生了可喜的变化，小蝌蚪长成了小青蛙，蚕宝宝从芝麻粒大小到结茧成蛹、变成蚕蛾，学生了解这些小动物的生长规律，也和小动物结下了深厚的友谊。

（二）在劳动中学会了尊重与感恩

居家学习期间，通过作业的形式提醒家长：将衣食住行等日常生活中的劳动实践机会还给孩子，鼓励学生在家庭参与敬老、爱幼、孝亲等方面的劳动，扣好学生日常劳动教育的第一颗纽扣；学生主动承担起家中的扫地、拖地、洗碗、倒垃圾等日常生活劳动，有的学生还在父母协助下，学会煮米饭、学做一道热菜……学生在洗衣服、拖地、整理房间等家务劳动中，能够深刻感受到自己的责任，懂得父母既要工作又要操持家务、照顾自己的辛苦，感恩父母对自己的养育之恩，增进亲子之间的亲情，同时养成了劳动的好习惯。

五、思考空间

（一）如何激发孩子的参与劳动的兴趣

兴趣是最好的老师。因此，在开展劳动实践活动时，教师必须链接学生的兴趣点，注重活动内容的趣味性，并利用好多媒体资源，通过图片、视频等直观的方式向学生进行宣传教育，彰显学生在活动中的主体地位，让学生亲身体验到劳动后的快乐，从而让学生在头脑中形成良好的劳动思维。有效激活学生的劳动热情，让学生更加积极地投入到更多的劳动实践活动中去发散自己的劳动兴趣，为学生参与多种劳动实践活动打下良好的基础。

（二）如何将劳动教育延伸到家庭教育中

家庭是劳动育人的第一现场，家长是孩子的第一位劳动教育老师。学校通过"家长大讲堂"等培训方式，提升家长科学育人理念，形成劳动教育共识，帮助家长树立正确的育人观，鼓励家长首先要树立崇尚劳动的良好家风，用创新的劳动方式吸引孩子参与并爱上劳动；其次要学会逐步放手，舍得让孩子"吃点苦"，培养孩子自理能力；最后要放大激励效应，通过写亲子日记、制作美篇、朋友圈分享等多种途径，为孩子的劳动习惯点赞、喝彩，让孩子尊重劳动、热爱劳动。让家长和学生一起参与家庭劳动，在润物细无声中把劳动的方法传递给学生，这既能增进亲子情感，更能让学生感受到劳动的重要性。

总而言之，劳动教育是新时代立德树人根本任务落实的重要途径之一，在少先队活动中融入劳动教育，不仅是时代发展的必然要求，也是劳动实践的重要落脚点。想要"劳动教育"这颗"种子"在学生心中真正地生根发芽、开花结果，教师就应从学生的劳动视角出发，链接好学生的兴趣、学校生活、家庭生活和社会生活的主线，以创新且丰富的劳动实践活动，让学生认知劳动、感悟劳动、乐于劳动，真正做到以劳树德、以劳增智、以劳强体、以劳育美、以劳创新，使学生得到全面发展，早日成长为担当民族伟大复兴重任的时代新人。

（本节作者：金利梅）

第六章 "大舞台"定位下的艺术课程群建构

第一节 艺术学科课程群建构的理念与整体框架

《关于全面加强和改进新时代学校美育工作的意见》明确提出，要"面向人人，建立常态化学生全员艺术展演机制，大力推广惠及全体学生的合唱、合奏、集体舞、课本剧、艺术实践工作坊等实践活动，广泛开展班级、年级、院系、校级等群体性展示交流"。舞台不仅仅是最终成果的展示平台，更代表了一种融合多种元素于一体的综合性艺术教育形式：一个精彩舞台呈现的背后，不仅包含音乐、舞蹈、美术、表演、创意制作等艺术形式，还包含了节目策划与编排、道具服装设计与制作以及策展、宣传报道等完整流程，包含演员、主持人、导演、舞美师、灯光师、音响师、服装道具设计制作师、后勤等多种角色。一次舞台的展示也是对学生自信品质、合作精神的锻炼与提升。

"万花筒7+n"课程群中的艺术课程群计划通过以"大舞台"为特色的学习模式建构，推动艺术逻辑课程群在课程内容、形式、关系、场域和评价方面的整体变革和提升。

一、课程群定位与目标

（一）课程群定位

艺术课程群以"大舞台"为定位，抓住小学阶段儿童喜爱表演与模仿的天性，以"舞台"贯穿"艺术感知""创意表达""审美情趣"等学科素养培养的始终。

（二）教育目标

通过充分把握"舞台"这一综合性艺术的功能和特征，建构融音乐、美术、舞蹈与丰富多样的舞台辅助活动为一体的课程体系，给予学生充分的选择空间，提高学生的艺术表现力、艺术欣赏力和艺术反思能力，使学生能够以自信、技巧、享受和审美意识去创作、呈现作品，不拘泥于形式的限制；尊重并重视个人和团体对舞台呈现的贡献，同时还培养学生创造性解决问题的能力，并最终指向人自身的塑造完形，促进人的全面发展。

二、课程内容

围绕"舞台"，突出多元。形成以绿阶画廊、七条戏剧节、艺术风采节、新年颂诗会为代表的舞台展示为引领的课程群建设，将技能训练、艺术欣赏和艺术创作与展演有机结合。基于各类舞台展示的要求，主要设置"艺术基础与节目创编""舞台展示与表演支持"两大课程模块。

①在"艺术基础与节目创编"模块中，形成音乐、美术、书法、戏剧等并行的课程体系。

②在"舞台展示与表演支持"模块中，包括各类与舞台呈现密切相关的辅助性活动内容，如展览/舞台策划、数字媒体、摄影与制作等。

③每一课程模块都包含从常规的艺术课程到丰富多彩的社团活动的完整体系。如"艺术基础与节目创编"模块包括管乐团、合唱团、舞蹈团和戏剧社团等；"舞台展示与表演支持"模块包括"展览策划""舞美设计""小编剧""小

编导""小主持"等以角色为特征的各类社团。

三、课程实施

以"舞台"为主线，将音乐、美术、舞蹈、创意制作、策展、宣传、主持等相关内容融入课程中。建立"课程学习—项目实施—舞台检验—展演交流"的第一课堂和第二课堂有机融合的艺术教育模式。

①打通基础与拓展型课程边界，将"乐团""舞团"的教育模式延伸到常规课堂之中，激发学生学习热情，强化学校的艺术项目特色。

②突出艺术与人文、科技、生活紧密相关的特点，依托"绿阶画廊"等特色项目，围绕不同主题，开展跨学科的项目制学习。

③开展小型分散、灵活多样、面向全体的学生艺术实践活动，让每个学生都能根据自身兴趣爱好自愿选择参加。

④通过搭建艺术活动与艺术展示的多样化平台，鼓励学生人人上台，让学生在练中会、在演中优，既满足兴趣爱好与特长发展需求，又增强集体意识。

四、课程场域

突出"舞台展示"特色，因地制宜。以各类专业教室和学校剧院为课程的主要发生地，同时将学校作为一个大的展示空间，班级文化墙、走廊、门厅、操场等，都可以是"舞台"。同时，利用各种交流比赛机会，为学生创造更大的展示舞台，如国家大剧院、艺术工场和社区广场等。

五、学习关系

本课程群存在二大学习关系，相互支持、相互促进。

生生关系：以舞台筹备形成基于不同角色身份的项目团队。打破班级、年级界限，支持具有相同兴趣爱好的学生合作与交往。

师生关系：教师既是"师傅"，也是"幕后"的重要支持者和陪伴者。

六、行动要点

①任命艺术课程群建设负责人，建立课程研发小组。

②开展组内研究课，梳理音乐、美术等各类艺术课程已有成果。建构课程群整体框架，研发模块内容。

③加强场域建设，对校内环境和设备进行升级，拓展校外美育实践教育基地。

④引入外部专家，指导课程群建设。

七、评价与收获

（一）以评促学

以每学期举办的各类艺术展演为一个项目，在项目启动时，向学生发放包括自评、伙伴评价和教师评价在内的项目小组工作评价表和舞台展示参与评估表。通过评价表，学生明确每一次"舞台"展示需要学习的相关知识和技能，以及应该达到或表现的合作参与度、责任承担程度等。

（二）围绕"舞台"，运用多样性评价方式

如艺术学习档案袋评价、交流对话的过程性评价，和展示展演的结果性评价等方式，关注学生艺术才能的挖掘和表达的自信、合作的态度、坚持的精神，形成健康的审美观。

没有艺术的熏陶是不完全的教育，没有舞台的展示是不完整的课程。艺术课程群融合多种元素于一体的综合性艺术教育形式，打造无边界美育课程体系，让每一个学生在"大舞台"的课堂上，自主培养艺术技能，全方位提升艺术素养，培养德智体美劳全面发展的时代新人。

（本节作者：汪忱、李宝莉、李琰）

第二节　《设计急救包》课资源整合运用教学案例

一、活动背景

（一）活动大背景

新课标指出，义务教育要在坚定理想信念、厚植爱国主义情怀、加强品德修养、增长知识见识、培养奋斗精神、增强综合素质上下功夫，使学生有理想、有本事、有担当，培养德智体美劳全面发展的社会主义建设者和接班人。

（二）课程群的角度

七小在新课标育人理念的指导下，结合本校学生学习特点开展了丰富的校本课程，形成了具有七小特色的育人模式。学校建构"万花筒7+n"课程群，而其中的"小舞台"课程群将技能训练、艺术欣赏和艺术创作与展演有机结合，展现课堂融合艺术的教育模式。

二、活动意义

（一）充分利用社会资源，引导学生在体验中产生共鸣

本节课充分利用社会资源，以文物认知为主线，从自我认知到定义认知，让学生自己去悟，体会文物的价值、精神的传承，产生思想共鸣，育人性强。以孔繁森精神为情感主线，融合人文情怀，通过国家一级文物——孔繁森的小药箱为契机，了解小药箱背后的动人故事，认识西藏环境，体会人民生活疾苦，感知人物孔繁森无私奉献的精神，传承孔繁森精神。

（二）培养学生的家国情怀

本节课整合、优化教学资源，从孔繁森的小药箱，了解文物的定义，观察文物材质、内外结构，认知使用环境和人群，多维度体会文物的温度，在认知

中教学生做人。通过价值探索设计有"温度的"急救包，学生在榜样精神的推动下，将家国情怀的种子根植于心，学会关爱身边每一个人。

（三）文物反哺课堂，提升学生思想认识

本节美术课与《孔繁森》内容融合自然，设计有创新，突出美术学科的特点，让文物反哺课堂，通过合理有效地利用文物资源，提升学生思想认识。用爱心设计"有温度"的急救包，努力帮助身边的人，让孔繁森精神通过我们设计制作的急救包一代代传承下去，做有家国情、中国心的新时代好少年。体会孔繁森常说的一句话：一个人爱的最高境界是爱别人，一个共产党员爱的最高境界是爱人民。

三、活动实施过程

（一）准备阶段

在本节课导入部分，老师先问学生：你们印象中什么是文物？给学生一个自由认知的空间，因为美术课欣赏过的文物很多，同学们有比较丰富的认识，如年代久远、精美绝伦、价值连城……但几乎都是以艺术价值为认知点。之后出示一些和他们艺术认知同步的文物，得到同学们的认可，这些都是文物。在他们对自己认知很满意时，出示最后一件文物的图片——孔繁森的小药箱，同学们有了争议，大家各抒己见，很多同学说不是文物，因为它不够美观……这时老师出示文物的定义，让同学们了解到文物不只有艺术价值，还有历史价值、科学价值……孔繁森的小药箱的价值不在于文物本身，而是一个人，他就是小药箱的主人孔繁森。

（二）实施阶段

融合博·悟课程《无私奉献》，以国家一级文物——孔繁森的小药箱为契机，通过视频、图片、照片、文献、学习单……多元化地认知孔繁森，激发学生体会什么是爱？什么是无私的爱？

　　一个个动人的故事，每个故事都催人泪下，以情感贯穿始终，用人文情怀引发学生体会孔繁森无私奉献的精神，使学生把自己的爱的情感投入课程中来，使整个课堂都是感动的，都是温暖的，学习是主动的，设计是充满爱的。文物也变得温暖，它穿越时空，在看似平凡中传递着不平凡的精神，承载着孔繁森满满的爱，这浓浓的爱意化作设计的动力，给学生的感觉是亲切的。孔繁森的小药箱成为学生了解人物情感的链接点，依托文物资源展现人物精神，把爱的种子种在学生心里，潜移默化地激发学生传承无私的爱，做有家国情怀的好少年。

　　在本节课中，通过出示国家一级文物小药箱，引出小药箱的主人——孔繁森。教师发问：这是怎样了不起的人，他的物品可以成为国家一级文物？激发学生的求知欲。观看一段视频，提取视频内容中有用的信息，初步体会西藏的恶劣气候和生活的艰苦。所有人都望而却步的地方，但孔繁森毅然决然地留下。视频中孔繁森给老人看病、捂脚感人的场景，拉近了孔繁森与学生的距离，之后通过观看大量图片，体会观察孔繁森在西藏的工作状态，小药箱就是孔繁森形影不离的"宝贝"，走到哪带到哪，工作之余给牧民看病，牧民都亲切地称他为"药箱书记"，感受无私的爱。他和他的小药箱只是他生活中的一小角，他还有更多感人的故事。

（三）观察分析现代急救包，通过小组探究挖掘设计理念

在西藏工作多年的孔繁森，小药箱就是孔繁森救急救难的急救包，帮助了无数藏族人民。在经济、科技、信息迅速发展的现代社会，学生借助现代急救包知识，结合现在急救包的设计优势，为贫苦的藏族人民设计一款实用的急救包，延续孔繁森的心愿。教师准备各种现代急救包，大小、材质、造型各不相同，通过小组观察填写急救包观察报告。借助孔繁森的小药箱，体会学习观察，设计方法，从"文物"到现代急救包，可以解决对急救包造型的认知，让学生能够更加清晰、多角度地了解急救包，让急救包实用性更强。文物与身边的急救包相互渗透，更有利于学生的参与和体验。

在本节课中，学生通过小组形式，观察分析现代急救包，通过看材质、看大小、看内外结构，近距离观察现代急救包，通过小组探究，挖掘设计理念。找找现代急救包的优势，利用巧妙地设计思路，给藏区人民设计一款急救包。

（四）实投演示、任务单牵引

本节课的学习任务是设计完成急救包的外形，在外形设计的基础上，老师通过实投演示引发下节课的学习任务，学生设计中要考虑下节课的设计内容，做到有效牵引，让学生对下节课学习任务产生兴趣，从而高效完成自己的作品。老师出示下节课任务单——收集不同环境、不同人群急救包中最需要的急救药品。

任务单的使用，使学生明确任务重点，有针对性查找资料，下节课小组分享、讨论。任务单的使用助力课下的拓展学习，为下节课设计急救包内部和药品做好充分准备。

在本节课中，教师借助实投演示急救包的外部画法，从中渗透设计与绘画表现的联系，让学生关注老师表现的几个点，为下节课的设计任务做铺垫。演示中体现外部设计为内部设计服务，绘画表现方法非常有趣，在不影响外部造型表现下还能体现内部结构，大大提升了学生的绘画兴趣。学生认识到平面设计可以有立体设计的效果，急救包设计的实用性有了更大的提升，增强了作品

立体美感。课后，学生积极查找资料，对下节课设计内容有极大兴趣，课下充分查阅资料，提升下节课堂时效性。

四、活动效果

本节课充分利用社会资源，让文物反哺课堂，通过以物知人，到以人知物，以文物的精神价值为主线，提升学生思想认识，通过观看视频、图片，学习单……并将其有效整合，达成本节课的教学目标。依托孔繁森精神，把梦想务实在一个急救包上，把梦想的远度放在全中国的脱贫致富上和对未来的公益行动上，为党育人，为国育才。

（一）文物反哺课堂，从艺术认知到精神认知，感受美是多维度的

美术课程标准提出：美术课要加强学习活动的综合性和探索性，注重美术课程与学生生活经验紧密关联，使学生在积极的情感体验中提高想象力和创造力，提高审美意识和审美能力，增强对大自然和人类社会的热爱及责任感，发展创造美好生活的愿望与能力。美术课程具有人文性质，运用美术形式传递情感和思想是整个人类历史中的一种重要的文化行为。综合性学习是世界教育发展的一个新特点，是美术课程应该具有的特征，也是本节课的一个突破点，通过文物反哺课堂，学生感受文物的精神价值，旨在发展学生的综合实践能力和人文情怀的培养，增强社会责任感。

（二）多元化地认知孔繁森，激发学生体会什么是爱

出示学习单，学生自主学习，学习单丰富着学生的学习资源，了解孔繁森更多感人事迹，尝试说说自己的感受。多维度地展示孔繁森事迹，一个个动人的故事是学习兴趣的升华，一件件感人的事情烘托了课堂的氛围，课堂充满了满满的爱。学生在爱的氛围中展开自主学习，主动性的学习让课堂效率更高，有助于达成教学目标。

（三）运用美术形式传递情感，让绘画作品更有灵魂

通过美术课内容与博·悟课程《孔繁森》的融合，学生的认知有了广度，

绘画作品有了灵魂，学生能更加主动、更加积极地思考，感受美是多维度、多元化的。运用美术形式传递情感和思想是整个人类历史中的一种重要的文化行为，在现代社会中，随着信息化进程的加快，图像作为一种有效而生动的信息载体，越来越广泛地出现在人们的生活中。美术课程的学习有助于学生熟悉美术的媒材和形式，理解和运用视觉语言，共享社会的文化资源，积极参与文化的传承，并对文化的发展做出自己的贡献。

五、思考空间

（一）将更多的文物介绍带入课堂

本节课不管是从美术课的角度，还是从思政的角度，同学都受到了极大的教育。希望在以后的课堂中将更多的文物介绍给学生，了解文物背后的故事，引导学生通过自我认知到观察认知，再到定义认知，最后到价值认知，一步步感受文物的力量。通过文物的反哺课堂，学生积极主动地去感受美术课中多维度的美，深层次地了解家国情。

（二）在绘画教育中融入主题教育

例如，本节课程设计过程中思考自己设计的急救包体现出哪些优势，给藏区人民带来哪些方便。通过文物小药箱精神情感的传承，通过现代急救包的设计理念，学生自主设计积极性得到提高，绘画质量有了较大的提升。学生的设计激情被有效地激发出来，作业效果好，学生创作出来的作品是有爱国情怀和感情意义的，更具有教育意义。

（本节作者：王丹）

第三节 "绿阶画廊"主题绘画作品展系列活动案例

一、活动背景

（一）美美之教 以美培元

美育是审美教育、情操教育、心灵教育，也是丰富想象力和培养创新意识的教育，其能提升审美素养、陶冶情操、温润心灵、激发创新创造活力。学校应将美育落实于学校教育各学段，将德、智、体、美、劳五育融合于艺术实践课程中，着力培养学生的核心素养。落实艺术教育的普及、学生艺术素养的整体提升，是提升学校美育成效的重要举措。

（二）多元舞台 无限可能

"绿阶画廊"突出"舞台展示"特色，因地制宜，将学校作为一个大的展示空间，将阶梯、走廊等公共空间赋予展示、教育功能。突出艺术与人文、科技、生活紧密相关的特点，围绕不同主题，开展跨学科的项目制学习。

二、活动意义

①面向全体学生，开展人人研究、人人绘画的艺术实践课程。培养学生创造性解决问题的能力，以美育人、以美化人、以美培元，加强传统文化美学教育，弘扬中华优秀传统文化，引领学生树立正确的审美观念、陶冶高尚的道德情操、塑造美好心灵。

②以学科融合理念为指导，加强美育与德育、智育、体育、劳动教育相融合，充分挖掘和有机整合各学科蕴含的美育资源，将课程教学、社会实践和校

园文化建设深度融合，大力推进艺术综合实践课程。切实把握学校美育的育人导向，落实立德树人根本任务。

③建立研究型公益社团，在真实场域中进行项目学习。完成画展启动仪式等宣讲工作。自主完成组织、策划、串词撰写、示范讲解、PPT 制作等相关工作，为全校学生的进一步研究起到引领、示范作用。在展示评选环节，承担布展、整理、统计等服务性工作。以及颁奖典礼策划、实施与日常维护的组织、管理等工作，形成一个完整的项目学习过程，提升学生的综合素养。

三、活动实施过程

（一）准备阶段

1. 主题设计

通过艺术实践课程及相关文化的探究学习，培养学生的综合实践能力和艺术核心素养。基于传统文化的学习、项目式学习的教学模式和学生艺术素养评价体系，进一步培养和提高学生创新意识和实践能力。主题设计紧扣学生生活，从学生的需求出发，能够更加有效地激发学生积极性。

设定主题应具有思想性、民族性、创新性、实践性，符合学生年龄特点和身心成长规律，能够在其研究中形成能力、知识、思想与情感的综合提升，为学生创设广阔的探索空间，进行深入且广泛的学习与艺术表现。

2. 绘画、展示材料的准备

视主题与展示形式的不同特点，准备具有安全性、可操作性及便捷性的媒材、画框等用具材料。小画框大天地，统一画框带给学生积极的心理暗示，具有审美感、形式感、崇高感、群体认同感，从而激发学生的学习兴趣与参与热情，并引导其更为投入地进行研究与表达。

（二）实施阶段

1. 社团引领，创意开题

绿阶画廊公益社团作为研究性学习社团具有学习引领者的职能。社团学生先于全体学生进行实践研究与艺术表现。解题、讨论、研究、分工、创作，学生在研究与讨论中将大主题划分为多个子课题，形成多个研究、创作思路，并加以呈现，于启动仪式上为全体学生进行讲解示范。学生的合作能力与个人审美能力、素养得到提升，以及自我价值的情感体验得到显著提高。

2. 自主探究，艺术表达

学生个人的探究过程贯穿于班级、学校、家庭、社会各个学习场域，充分调动学生积极性，通过书籍、网络、博物馆等渠道进行信息的收集与归纳。再通过绘画的形式加以表达。

3. 教师指导的扶与助

在学生的学习与成长中，教师不仅是指导者，也是学生成长中的伙伴，要善于发现和创新。每一个学生都是一个独立的个体，所呈现出的感受与表达方式也会有所不同。引导孩子从不同角度观察生活、感受生活，正是美育所促成的自我发现、自我认知、自我成长的过程。

在学生的实践过程中，教师在其组织、策划、实施、研究与创作过程中，实时关注，鼓励学生间的交流与分享，在其研究、合作的过程中进行指导与引领，在学生产生困惑时提示解决的方向及方法，帮助学生形成良好的过程性体验。

4. 作品展示，伙伴学习

展示过程中与更多的小伙伴进行交流，同时也是学生学习空间的拓展。学生在展示过程中，相互欣赏，同伴学习，学生的技能技法、创意构图、审美水平获得整体提升。同时，通过伙伴间的相互欣赏认同点赞，实现同伴间的相互激励。

（三）总结反馈阶段

1. 展示性评价提升核心素养

评价展示阶段开展"最受欢迎作品评选"。由全校作品中初选的展示作品在教学楼的楼梯两侧展出，学校宛如一座美术馆，学生人人有选票，人人写评论，从200幅作品中选出10幅自己喜欢的，再从中选择一幅进行撰写美术评论。

造型、色彩、风格、整体感受……全校各年级学生运用课堂中所学习的美术知识与评价方法以文字的形式落笔于选票上，充分表达自己的审美感受，在之后的评价展示过程中获得再一次的审美水平的提升。

2. 颁奖典礼交流绽放推动学生审美水平整体提升

"最受欢迎作品奖""小小美术评论家""优秀作品收藏奖"分别从人气（即伙伴审美认同）、美术评论以及美术专业角度由学生、美术教师进行评选、评定。学生们精美的画作和准确而富有情感的美术评论为更多学生树立了努力的方向，切实推动了我校学生审美水平的整体提升。

四、活动效果：以美促学，以美养德，全面提升核心素养

（一）建构可持续发展的艺术教育模式

建构可持续发展的"课程学习—项目实施—舞台检验—展演交流"的第一课堂和第二课堂有机融合的艺术教育模式。学生作为学习的主体，与社团、教师在这个过程中各自发挥积极作用，于研究与交流中形成合力，注重学生真实体验与实际获得，拓宽其研究的深度与广度。

（二）形成多元化课程评价标准

即主题设计是否能够引导孩子观察、感受自己的生活；学生是否乐于参与，积极探索；学生能否通过实践活动在其原有知识、技能基础上有所提高；学生能否表达其真实感受与思考；学生是否得到充分的展示空间；学生的创造性思维是否得到鼓励与发展。评价的关键在于给所有的孩子搭建平台，关注每一个孩子的个性成长，关注孩子的能力是否得到提升，做到的是让每一面墙会说话，说教育的话。

（三）组建"绿阶画廊守护小队"

组建"绿阶画廊守护小队"，实行辅导员负责、学生自主管理、自愿加入的运行机制。有效保护学生作品及校园环境，彰显爱心与正能量，落实美育、德育。并且充分锻炼了学生的策划组织能力、团队管理能力及执行力，不断提

升学生的综合素养。团队建设的开放性与组织性取得平衡，核心项目的公益性与研究性学习相结合，成为以学生综合素养培养为核心的可持续发展的学习团队。团队获得"东城区优秀小队""东城区优秀班集体"等荣誉称号。

五、思考空间

（一）如何提升文化理解、审美感知等核心素养

在深化教育改革的今天，要持续开展丰富的艺术实践活动，在学生掌握必要基础知识和基本技能的基础上，着力提升文化理解、审美感知、艺术表现、创意实践等核心素养，激发学生艺术兴趣和创新意识，培养学生健康向上的审美趣味、审美格调。如何在多元文化、新生科技快速发展中找准落脚点，做到目标明确、脉络清晰、形成体系，坚定素养提升、立德树人之根本，继而舒枝展叶，发展创新。

（二）如何不断完善组织形式与艺术表现形式

为学生搭建更具自主性、个性化的发展空间与平台。在课程推进过程中，坚持活动开展与团队建设的开放性与组织性取得平衡，核心项目的公益性与研究性学习相结合，建构以学生综合素养培养为核心，将研究性学习、传统文化传承与发展、艺术实践、创新意识培养、公益行动有机结合成可持续发展的拓展性艺术实践课程体系，从而落实全覆盖、多样化、高质量的美育发展目标，完成立德树人的教育根本任务。

（本节作者：李宝莉）

第七章 "大比赛"定位下的健康课程群建构

第一节 健康学科课程群建构的理念与整体框架

立德树人根本任务的提出，坚持"健康第一"教育理念，以中国学生发展核心素养为引领，重视育体与育心、体育与健康教育相融合，充分体现健身育人本质特征，引导学生形成健康与安全的意识及良好的生活方式，促进学生身心健康、体魄强健、全面发展。

《义务教育课程方案和课程标准》中明确提出，体育与健康课程依据学生的学习需求和兴趣爱好，面向全体学生落实"教会、勤练、常赛"要求，注重"学、练、赛"一体化教学。"比赛"是学生保证学习和掌握基本运动技能、体能、专项运动技能和健康技能最有效的方式，坚持课内外有机结合，指导学生进行形式多样的比赛，激发学生参与运动的兴趣，刺激学生集中注意力，全身心投入，促进学生积极主动参与到体育学习中，逐渐养成"校内锻炼1小时，校外锻炼1小时"的习惯，发扬刻苦学练的精神，体验运动魅力，遵守规则意识，领悟体育意义，从而促进学生更好、更快地掌握所学的动作技术，并在竞技中健全人格，锤炼意志，最终形成阳光健康的身心。

"万花筒 7+n" 课程群中的健康课程群计划通过以 "大比赛" 为特色的学习模式建构，推动课程群在课程内容、形式、关系、场域和评价方面的整体变革和提升。

一、课程群定位与目标

（一）课程群定位

健康课程群以 "大比赛" 为定位，将 "1（比赛）+X" 贯穿课程设计始终。以体质提升、技能培养、心理健康、肥胖干预、预防近视作为课程重点，建构勤练常赛的教学模式。营造以竞技精神为特色的校园体育文化的同时，将积极参与体育锻炼的习惯内化为融入生活的一种方式。

（二）教育目标

通过比赛激发学生学习的主动性和参与性，引导学生在竞技竞赛中充分感受运动魅力，不断提升运动技能，发展运动专长，培养积极进取、不怕困难、挑战自我、顽强拼搏、追求卓越、团结合作、公平竞争和遵守规则的体育品格，实现体魄健康强壮、心灵积极阳光。

二、课程内容

以体育及健康教育课为主阵地，通过比赛游戏将基本运动技能、体能、健康教育、专项技能、跨学科主题学习等内容进行整合。

打通校内学习与校外锻炼的界限，将专项比赛、居家锻炼等各类活动系统设计，让学生有更多训练机会，逐步形成人人爱运动，人人有专长的健康身心发展。

低学段（1—2 年级）：以游戏化教学为主，通过不同形式的比赛，激发低年级学生的学习兴趣，在课堂上学会倾听，学会思考，善于模仿，培养学生规则意识及团队意识。可以以小组赛、游戏赛、亲子赛等形式进行。

中学段（3—4 年级）：以提升身体素质为主，通过练习以及游戏化教学，融合技术、技巧等内容，形成素质与技术双支撑，并通过比赛不断强化技能的熟练程度，提高各方面身体素质。在经历与他人合作交流的过程中，学会独立思考，表达自己的想法，为集体荣誉拼搏。形成角色转换，体验体育记者、后勤服务、体育绘画等角色，从不同角度参与比赛。

高学段（5—6年级）：

①通过游戏比赛的形式，熟练运用所学技能与技巧，不断强化、提高各方面身体素质。

②注重培养学生交流合作的能力，养成乐于思考，勇于实践，进一步提高学生发现问题、解决问题的能力。

全学段（1—6年级）丰富比赛类型，可以以游戏赛、年级赛、亲子赛、专项赛、达标赛、攀登赛等方式加强体育技能训练，或者体验与比赛密切相关的辅助性内容，如裁判、运动摄影、运动保健、赛制编排等来培养学生守规则，克服困难，坚持就是力量的体育精神和品质。

三、课程实施

小比赛＋游戏：丰富课堂教学方式的多样性。促使学生集中注意力，全身心投入，锤炼意志，促进学生积极主动参与体育学习，从而促进学生更好地掌握所学习的技术动作，提高动作质量，并在竞技中健全人格。

小比赛＋技能：依托"体育节""冬锻系列比赛""队列比赛"等专项比赛为平台，检验学生身体素质和国家体质健康标准测试的成绩。在课堂常规方面通过"队列广播操比赛"，检验学生组织性、纪律性及整体精神面貌。

小比赛＋坚持：家校协同，寒暑假和休息日全家每日锻炼1小时活动，将再小的坚持也是力量渗透到每一个家庭，逐渐培养每日校外1小时坚持锻炼，增强体质，阳光健康的意志品质，促进家庭成员之间的阳光健康心态。

小比赛＋文化：校社协同，开展胡同文化打卡路线健步走实践活动、奥林匹克公园拓展越野活动丰富学生课余生活，将体育和传统文化相结合，在锻炼之余培养学生爱家、爱校、爱国的家国情怀。

四、课程场域

突出"小操场也能养出精气神"为特色，利用学校小操场、篮球场等开展形式多样的比赛。同时拓展校外课堂，结合线上学习方式，将家庭作为体质攀登比赛的重要场所之一。因地制宜，利用胡同、公园等开发形式多样的趣味比赛。设置专门的团体性心理教室和活动教室等。

五、学习关系

在形式多样的团队比赛和活动中，生生之间有竞争，更有合作，是"对手"，更是"队友"；教师的角色向"教练"转变，作为场外指导，提供课程与技术支持；家长共同参与，营造家庭健身氛围。

生生关系：在教师引导下，根据性别、性格、身体素质差异等因素自由组成 10 人以内的合作小组，设组长、组员、器材管理员、检查员、记录员等不同岗位。从检查规则、收取器材到组织学生做课前练习等，具体形式可根据年段不同有所差异，培养学生的领导及自主管理能力。

家校关系：开发居家运动小游戏、趣味竞赛，如"游戏节""体质健康攀登赛""健康生活手册打卡"等，鼓励学生坚持开展锻炼，以自己的行动带动家庭体质健康提升行动，还可以通过多媒体将运动过程和竞技游戏拍成小视频上传云平台比赛和分享，通过开展居家运动打卡，吸引孩子与家长共同参与。

六、评价与收获

①针对"比赛"特点，建构教、练、赛"三维"一体的评价体系：技能学习以"会"为标准，过程评价以"练"为内容，结果评价以"赛"为目标。

②采用多元化评价、过程性评价等方式，从技能、纪律、心理、品德多个

维度评价学生，捕捉学生身上每一个闪光点。实施小组评价等形式，激励团队成员为集体荣誉而拼搏奋斗，约束或改进行为。

③探索学分制评价，体育项目考核、国家体育达标测试、平时锻炼情况和体育社团等方面采用六年累计的方法；运动态度、锻炼习惯及运动技能的掌握、体育特长的发挥等方面采用综合评价。

健康课程群将以立德树人为根本任务，不断深入探索"比赛"与体育和健康课程、技能掌握、自主锻炼之间的关系，打破课内外、校内外，建构家校社联动机制，在比赛中促进体育与健康教育，努力培养学生成为德智体美劳全面发展的社会主义建设者和接班人。

（本节作者：朱锡昕、徐礼峥）

第二节　"体质健康攀登攻擂赛"——家校携手，助力健康

一、活动背景

（一）通过家校协同，加强学生体质健康

2021年以来，教育部相继出台文件，对加强中小学生作业、睡眠、手机、读物、体质管理（简称"五项管理"）作出部署。2022年北京市体育与健康课程标准出台，其中明确提出校内1小时＋校外1小时锻炼的要求，不断提高学生的身体健康水平，学校作为学生全面发展的育人场所，通过家校协同，加强学生体质健康，提高锻炼能力和水平则显得尤为重要。

（二）课程群背景

在"万花筒"小比赛健康课程群理念的引领下，每年七条小学有两个争夺文武状元的传统活动，分别是人人都参与的"启智攀登攻擂赛"和"体质攀登攻擂赛"，这两个赛事是对每一名学生智力和体力的考验，经过攀登训练，学生逐渐掌握运算技能和词汇储备，锻炼成为符合标准、身体健康的擂主少年。

二、活动意义

学校突出"小操场养出精气神"体质健康特色，将家庭作为比赛的重要场所之一，开展全体学生体质健康攀登赛，通过学分和手账打卡制，探索技能、体能、心理、品质多维度评价学生，逐步达到体育项目考核、国家体锻达标测试水平，以再小的坚持也是力量，激励平时锻炼和累计的方法，端正运动态度、锻炼习惯及运动技能的掌握，使体育发挥综合评价作用，达到五育并举全发展。

三、活动实施过程

（一）准备阶段

1. 思想准备

通过师生家长动员会协调身心能力，通过内外激励提高学生参与锻炼的积极性。学生掌握和长时间进行某种动作时，不仅要有身体素质和一定的运动技术基础，而且还要有心理上的准备，学校利用 ClassIn 课堂面向全体学生和家长专门开设了一次锻炼和比赛推进的动员会，明确攀登与锻炼、攻擂与比赛的意义，培养全员参与的坚持性，专项技能比赛的积极性，鼓励有能力和有意愿的学生充分发挥优势创造性开展训练，从而树立健康自信，将身体锻炼与积极阳光的心态相结合，达到身心健康相统一的目的。

2. 活动原则

"体质健康攀登攻擂赛"以锻炼和比赛为基础，家校充分合作，在保障场地和活动安全的前提下，稳步提升学生体质健康水平，提升体育学科素养。

活动与安全相统一。活动地点具有多样性，有学校操场，有居住地以及周边的运动场地，也有相关的训练场地。学校在活动开展前通过宣传和提示，让学生和家长明确各种锻炼环境和过程的安全点，避免出现任何安全和受伤的现象。

竞技与锻炼相统一。锻炼是竞技的基础，竞技是促进学生坚持锻炼的动力。学校通过家庭共同合作，帮助学生协调好坚持训练和比赛的关系，根据年龄规律，逐步提升体育技能，最终达到体质测试标准，使体育技能与育人品质双提升，具备体育学科素养。

（二）实施阶段

1. 训练方式：健康攀登331

第一个数字3是锻炼作用：体质决定生活、体质决定梦想、体质决定学业；第二个数字3：坚持日日练、天天传、周周记；第三个数字1：体育锻炼坚持体质测评标准。

主题实施方案为每周一、三、五进行必要性锻炼（根据体质健康测试的项目进行锻炼活动）；每周二、四、六进行自主性选择锻炼（根据自身情况调整或者选自己喜欢的运动进行锻炼）；周日进行小测试，并填写记录单。坚持整体推进、分层监督、家校携手、日日锻炼，每周一测一打卡（打卡方式与线上运动会一致）。

2. 竞赛方式：体质攻擂331

班级内坚持锻炼与优质体能前3名

全年级坚持锻炼与优质体能前3名

年级技能攻擂擂主1名

（三）总结反馈阶段

七条小学有一句口号：再小的坚持也是力量。攀登赛是通过记录手账坚持锻炼的形式，达到下肢、爆发力、肺活量、柔韧性等全身性锻炼的目的。在活动过程中，学生们单摇、双摇、一带一，大绳小绳一起上，用最喜爱，不占用空间，在哪里都能进行的方式，达到提高身体素质的效果，比的是速度、比的是与同伴间的协调配合。

结合每日更新数据，学校体育教师实时监控学生锻炼情况，通过班级群分享解决共性问题，以个别叮嘱等形式关注特殊个体，适时指导让每一名学生都选择合适的运动形式及运动量，让每个人在小比赛过程中都能有攀登、有进步。体育教师和班主任老师不但深入了解了每个孩子的体质情况，同时也积累了丰富的体育教育经验。

四、活动效果：以体育教育促全面发展

（一）在锻炼中提升了体育技能和身体素质

学生们通过每天进步一点点，每日攀登一小步，经过一个暑期的日积月累，近一半的同学达到了体育健康质量测评标准，在此过程中孩子们自觉参加体育活动，养成良好运动习惯，收获健康体魄。甚至有的孩子还带动了全家共同参与锻炼，一家人共同养成健康的生活方式。

（二）在比赛中收获亲情和友情

班主任和家长共同配合，通过线上沟通交流，老师每日点赞鼓励，同学们互相约定，每天积极参加体育锻炼，促进了师生家长的和谐关系，家长陪伴孩子的时间明显增加，还用照片和视频等方式记录自己的运动数据。

这个假期，妈妈最惊喜的发现莫过于你通过坚持体育锻炼磨炼了意志，感受到了运动之美。看到你每天除了坚持跳绳、跑步、体前屈等基础体育锻炼之外，还学会了游泳。从一个害怕下水，不敢憋气的"旱鸭子"，通过不断地挑战和突破自我，逐步成长为家里的"游泳健将"，这一点一滴都凝结着你的努力和坚持，彰显着你的成长与收获。希望你在今后的人生之路中能够继续坚持体育锻炼，不断地强健体魄，磨砺品质，勇攀高峰，争取取得更大的进步。最后感谢七小老师们精心设计和合理安排，使孩子们度过了一个充实而有意义的暑期，为今后学习生活打下良好的基础，谢谢你们！

——学生家长

七小为我们安排了丰富多彩的律动时间，每天我都坚持 1—2 个小时的体育锻炼。跳绳、体前屈、跑步、吹气球换着花样练习。体育锻炼不仅能够让我更健康，还能磨炼我的意志，让我更坚强，更勇敢。

——二年级学生

（三）在体育比赛中懂得了坚持与责任

学生们在锻炼和比赛中逐渐认识到要想提高技能就需要养成坚持锻炼的习惯，需要有克服各种困难的品质，在与伙伴比赛的过程中要遵守规则，要相互合作，才能公平公正，坚持与责任的体育育人品质在实践中逐步形成。

五、思考空间

（一）如何激发孩子的参与锻炼的兴趣

学生的健康成长既是每位家长的心愿，也关系着祖国的未来与发展。为提升学生体质健康水平，学校假期中制订的"体质健康攀登攻擂赛"方案，全面贯彻落实国家体质健康测试标准要求，科学合理、稳步提升学生身体素质，我们坚信"小操场也能养出精气神"，如何发挥学校这一特色，需要将体育活动渗透到学生的每日锻炼和小比赛里，创造性开展体育训练和比赛，从小树立具备好身体，将来成为祖国建设者的家国情怀。

（二）如何将体育教育延伸到家庭教育中

"家校携手　助力健康"活动是由学校带动学生、学生辐射家庭的教育路径，不但让学生养成好的运动习惯，懂得了好的生活习惯，还逐渐让家长和孩子的关系更加密切。

让学生成为阳光健康的启志少年是我们的愿景，学校与家庭共同努力，让相互陪伴，共同助力学生健康成长，全面发展的温暖力量，铭记于每个家庭、每个孩子的心里！运动不止，不负时光，让运动成为一种习惯，让孩子们越运动，越健康，越快乐。

（本节作者：杜贝贝、朱锡昕）

第三节　足球课程：体育促进健康，全面育人成长

一、活动背景

（一）改革校园足球发展，发展足球育人功能

党的十八大以来，以习近平同志为核心的党中央把振兴足球作为发展体育运动、建设体育强国的重要任务摆上日程。在 2015 年 3 月，国家出台了《中国足球改革发展总体方案》，方案中提到改革校园足球发展，发展足球育人功能，深化学校体育改革、培养全面发展人才，让更多青少年学生热爱足球。推进校园足球普及，将足球（包括足球文化、足球技能、足球训练等）列入体育课教学内容，促进文化学习与足球技能共同发展。

（二）足球运动增设为特色体育课程之一

随着新课标的出台，在史家七条小学"多元成长、合作创新"育人理念的指导下，结合本校学生对足球运动的热爱，学校将足球运动增设为特色体育课程之一，但是学校操场面积较小给足球课程造成了很大的困难，我们需结合各方面的智慧找到一套适合七小的足球课程内容。

二、活动意义

①提高体育教师足球专项教学水平，丰富学校体育与健康课程内容。

②使学生掌握足球技术，提高学生下肢力量、爆发力、协调性等身体素质。

③激发学生运动的主动性与参与积极性，养成学生自觉锻炼的终身体育意识。

④通过足球的育人功效，培养学生不怕吃苦、坚持到底的好品质，培养团结合作、互相尊重等良好的运动品德。

三、活动实施过程

（一）准备阶段

①体育教师通过参观与学习，了解其他学校开展足球运动的宝贵经验，结合学校自身情况总结出一些适合七条小学的足球课程内容。

②通过对我校五、六年级学生进行抽样访谈，征求学生意见列出一些可行的课程内容和活动方案，又对242名学生进行问卷调查，统计后再对课程内容进行完善与筛选，最终形成我校足球课程内容。

（二）实施阶段

1. 将足球课程引入体育课

将足球课程引入体育课，实施每周一节足球课，课堂内容告别原有的授课模式，首次进行分性别教学，男生的内容主要与足球技术和竞技比赛为主，女生更加偏向于足球游戏、足球文化的教学，还与美术、音乐、语文等跨学科教学。

男生：足球技术、足球规则、单人或多人对抗、足球竞赛、足球游戏。

女生：足球技术、足球规则、足球啦啦操、美术足球、名人叙事。

2. 足球节活动（足球嘉年华）

除了课堂教学以外，学校开展"小足球、大梦想"主题足球节活动，活动内容包括班级足球联赛、足球文化比赛（足球摄影、海报设计、征文、演讲）、足球啦啦操表演等。足球节使全校学生共同参与到足球运动当中，一时成为学生课余议论、聊天的主流话题。参加比赛的队员课余时间积极训练，比赛中顽强拼搏、每球必争，场上服从裁判、尊重对手，场下团结同学集体加油打气，极大提升班级凝聚力和集体荣誉感。

3. 学校把国内外明星球员请进来，发挥榜样力量

榜样的力量使学生热爱足球，学校多次开展外事活动，把国内外的明星球员请进来与学生互动交流推广足球运动，组织学生参观高水平足球比赛、参观职业足球俱乐部训练基地，更加激发出学生的参与热情。

4. 定期组织爸爸运动队，家校协作促进亲子关系

足球不仅将孩子们联合到一起，也使家长参与其中。大多数家长工作比较忙碌、学生课业负担较重，再加上电子产品的诱惑，许多家长在家缺少与孩子的沟通，亲子关系一度成为家庭不和谐因素。学校考虑到家教合作的重要性，定期组织爸爸运动队、妈妈读书会活动，而多数班级将足球运动选入爸爸运动队活动方案，有的班级请来专业足球教练与孩子共同训练、共同游戏、共同比赛，大大促进了亲子关系。

（三）总结反馈阶段

1. 提高教师自身业务水平

①教师通过足球专项培训，强化了自身身体素质，了解足球相关知识，提高足球专项技术水平，掌握一些科学有效的训练、教学方式方法。

②对足球开展较好的学校、俱乐部进行观摩，在观摩中拓宽眼界，丰富足球相关经验，丰富日常教学、训练内容，开展丰富多彩的足球活动。结合东城区、北京市校园足球协会开展的足球活动，选择符合学校实际情况的内容加以实施。

③通过集体教研、共同研讨备课，集中集体力量丰富完善足球相关内容，在基本功比赛、评优课、论文评比中取得优异成绩。

④聘请足球专业教练员进行授课与足球队的训练体育教师辅助教学,使体育老师也能更直观地进行学习。

2. 专项足球运动队

①选拔出优秀足球运动员代表集团参加各级别的足球比赛,在市、区足球赛中取得优异的成绩。

②国家现阶段十分注重足球运动的开展,同时也十分注重足球文化的比赛,我校将足球节文化比赛优秀作品选拔出来参加市、区举行的足球文化比赛也取得了不错的成绩。东城区还进行了足球通讯社小记者培训、小小足球裁判员培训,我校均派人参加。

③目前我校有多名足球特长生分别被五中分、东直门、汇文、人大附中等足球传统校录取,并成为各初中足球队核心力量。

3. 增强身体素质、养成热爱运动的好习惯

通过优化后的足球课程使学生热爱足球运动,在体育课上更加努力地参加训练以提升身体素质,在团队比赛和游戏中养成了团结合作、吃苦耐劳的好习惯。在放学和周末时间也会约上同学和家长一起快乐踢足球,大大增进了同学间的友谊和亲子关系。

四、活动效果:以足球课程促学生全面发展

①在足球运动中强身健体、掌握足球技能。

②在训练中培养吃苦耐劳、自觉锻炼的好品质。

③在游戏比赛中养成遵守规则、相互尊重的好品质和团结合作、共同进步的好习惯。

④在课后练习中培养亲子关系和社会交往能力。

五、思考空间

①如何激发孩子的参与兴趣,让更多的学生参与到足球运动中去。

②如何结合学校"小场地"这一现实条件，开发出更适合七条小学的足球课程内容。

（本节作者：徐礼峥）

第八章　"大课题"定位下的科学课程群建构

第一节　"大课题"定位下的科学课程群建构理念与整体框架

习近平总书记强调，用新时代中国特色社会主义思想铸魂育人，贯彻党的教育方针，落实立德树人根本任务。《科学课程义务教育课程标准（2022年版）》中明确提出，义务教育科学课程是一门体现科学本质的综合性基础课程，具有实践性。科学课程有助于学生保持对自然现象的好奇心，形成基本的科学态度和社会责任感，逐步树立正确的世界观、人生观和价值观，为今后学习、生活以及终身发展奠定良好的基础；有助于提高全民科学素质，促进经济社会发展和科技强国建设。

科学课程群以"大课题"作为课程群定位，从学生熟悉的日常生活出发，聚焦生活实际中的科学问题，提炼"课题"。在探究性实验、创新性实验、综合性实验中，引导学生运用科学方法和科学知识去解决问题。

一、课程群定位与目标

（一）课程群定位

科学课程群以"大课题"作为课程群定位，将"课题"引导下的合作探究学习贯穿课程设计始终。从学生熟悉的日常生活出发，聚焦生活实际中的科学问题，提炼"课题"。在探究性实验、创新性实验、综合性实验中，引导学生运用科学方法和科学知识去解决问题。

（二）教育目标

通过学生亲身体验"提出问题—作出假设—制订计划—收集证据—处理信息—得出结论—表达交流—反思评价"的完整科学探究过程，掌握科学研究的方法，着力提高学生的科学能力和合作精神，培养学生的创新精神、实事求是的科学态度。

二、课程内容

以科学课堂为主阵地，将实验作为触点，突出综合性，为学生提供更多自主选择的学习空间和充分的探究式学习机会。

以实验为触点，突出综合性。从物质科学、生命科学、地球和宇宙科学、技术与工程四个领域寻找融合共同点，围绕建筑模型、能量世界、万物生长、宇宙漫步等主题形成不同的"科研小课题"，为学生提供更多自主选择的学习空间和充分的探究式学习机会。

以"实验探究"为主要学习方式，基于真实情境中的问题，组织开展基础性实验和拓展性实验。围绕"科研小课题"，推动学生开展研究型、任务型、项目化、问题式、合作式学习，综合运用观察、观测、模拟、体验、设计、制作、加工、饲养、种植、参观、调查等多种方式，促进传统实验教学与现代科技有机融合，增强实验教学的趣味性和吸引力，激发学生的好奇心和探索欲。

（一）低学段（1—2 年级）重在激发学习兴趣

兴趣是促进学习的催化剂，也是促进科学思维发展的强大动力。通过运用多媒体手段来认识周边常见的植物和动物，能简单描述其外部主要特征和生长过程；知道植物和动物的生存需要环境条件。引导学生进行思考，启发他们的思维，从而达到提高课堂教学质量的目的。

（二）中学段（3—4 年级）重在强化学生主体地位

课堂中树立以人为本的思想，营造轻松活泼的课堂氛围，通过课堂多引导、多提问，让学生更多地思考问题、突出学生主体地位。

（三）高学段（5—6 年级）重在培养学生核心素养

课堂中强化学生的团队合作和探索精神，鼓励学生积极参与科学探究、自主思考，进而发现科学规律、总结科学规律。课程"从学生熟悉的日常生活出发，学生亲身经历动手动脑等实践活动，发现和提出生活实际中的简单科学问题，并尝试用科学方法和科学知识予以解决"。

三、课程实施

科学课程群突出综合性，课程的教学形式多样。其主要的方法是展开动手实验、观察等活动。让学生在活动中学习知识，探索和研究物质世界的奥秘。在实验中探究科学规律，在动手动脑中开发自己的智能，在实验活动中寻求学习的乐趣，在快乐中形成科学的学习方法。从而养成爱学习、好思考、勤探究的良好学习习惯，以达到提高自身各科学习的效率。

①利用自然博物馆资源凸显科学课程综合性。在小学科学课程中，自然博物馆内有很多可利用的资源，开发利用自然博物馆内的资源，对小学科学生命科学领域部分内容的顺利实施有着重要意义。

②专家引领，拓展课程资源。在科学教学中，根据学生学习需要，可将某方面的研究专家请到课堂，与教师共上课，配合教师协同指导。开阔学生视野、激发学生研究兴趣。

③巧用社团及兴趣小组。根据 530 社团等活动，开展多样的综合性科学研究活动。

四、课程场域

我们将打破学校与社会的"围墙"，营造"实验室"型学习空间。如在校内设置基于日常实践学习需求的创客工坊，为学生提供各种常见的探究小工具；建设配备通用实验设备的"微实验室"。支持学生走出学校，走进大自然去观察发现；去科研机构的专业实验室，去实践体验。

五、学习关系

生生关系：通过项目或课题的学习小组，学生们合作探究，形成默契的科研搭档。

师生关系：教师由讲授者变为项目/课题指导者、实验"助手"；家长不仅在课下与孩子们一起当自然的"观察家"，也走进课堂，分享专业知识，拓宽孩子们的视野。

家校关系：通过"家长课堂"等活动，邀请专家走进课堂分享科学实验，拓展课堂内容。

六、行动要点

①任命思政课程群建设负责人，建立课程研发小组。汲取成功经验，并开展针对性研究。

②建设课程资源库，对已有德育资源进行分类梳理；挖掘家长资源，为服务和公益活动的开展提供更多支持。

③加强场域建设，重点拓展校外实践基地，引入外部专家，指导课程群建设。

七、评价与收获

设计多元评价方式，提高学生的参与性，增强体验感和行动反思能力。

①为每名学生建立"小科研员档案"，对学生实验过程的态度、兴趣、参与程度、项目／课题完成情况进行综合评价。

②实施展示型评价，依托创客节、科技日等形式，支持学生向社区、家长、教师和同学展示自己的科学发现。实施荣誉评价，通过评选"科技之星"等，给予学生更多激励。

习近平总书记强调要加快建设科技强国，实现高水平科技自立自强。在科学课程要注重培养学生的核心素养，让学生在学习科学课程的过程中，逐步形成适应个人终身发展和社会发展所需要的正确价值观、必备品格和关键能力，使学生具有科学观念、科学思维、探究实践、态度责任等能力，更好地推动我国未来科技创新发展。

（本节作者：王晔、夏卫滨）

第二节 "材料万花筒"——《纸》的研究

一、实施背景

（一）落实新课标，赋能新课堂

科学与探究的关系密不可分，化学、生物和物理都是以实验探究为基础的自然科学。科学探究可以激发学生对周围世界的好奇心和探索欲，对于提升学生的观察能力、动手实践能力和团队合作能力，培育学生的创新精神和科学素养具有重要作用。《义务教育小学科学课程标准（2022年版）》明确提出，探究和实践是科学学习的主要方式，要加强对探究和实践活动的研究与指导，整合启发式、探究式、互动式、体验式和项目式等各种教与学方式的基本要求，设计并实施能够促进学生深度学习的思维型探究与实践。精心组织，加强监控，让学生经历有效探究和实践过程。适时追问，及时点拨，激发学生在探究和实践中的思维活动。

（二）建构课程群，践行新理念

我校以培养具有家国情怀的和谐共生的人为目标，将和谐教育理念与"七气"核心素养有机融合，形成了"多元成长，合作共生"的教育理念。并以"万花筒"课程群为单位，整合、开发各类课程，促进学生全面发展，从而让孩子更爱学、更会学、学得更好。

通过以"大课题"为特色的学习模式建构，促进科学和研究性学习的紧密结合，在探究性试验、创新性实验、综合性试验中，引导学生运用科学方法和科学知识去解决问题。

二、设计理念

（一）在实践活动中探究，解决实际需求

探究过程服务于学生思维的发展。探究式科学学习是一个完整的过程，从学生熟悉的日常生活出发，聚焦生活实际的科学问题，提炼"课题"。

（二）提出有创意的方案，并运用科学原理解释

针对课题提出有创意的方案，并根据科学原理进行筛选，实施计划，利用工具和材料进行加工制作。《常用材料》单元的课题是"选择合适的材料制作漂亮的贺卡"。纸是生活中常用的材料，学生了解不同纸张的不同物理特性，根据自己的需求选择合适的纸张，将学习科学原理和运用科学原理有机融合起来。

三、实施过程

（一）情境引入

1. 教师行为

①谈话：快要过新年了，你会送给爸爸妈妈或小伙伴新年贺卡，以前可能

是买贺卡送给别人，今年你们想不想自己制作贺卡送出祝福呢？

②我们欣赏一些自制的漂亮贺卡吧。

2. 学生预设

很感兴趣，愿意自己制作贺卡。

3. 设计意图

通过欣赏一些自制的漂亮贺卡激发学生的兴趣和制作欲望，确立一个探究的课题。

（二）教学环节一：比较不同的纸

1. 教师行为

①教师提供4种纸（牛皮纸、复印纸、新闻纸、餐巾纸）。

②思考：要研究这些纸的特点，你们觉得可以从哪些方面研究？

③指导：这些纸的颜色、厚薄、光滑度、软硬度、韧性等都有不同，可用看、摸、揉、撕等方法比较它们的不同。

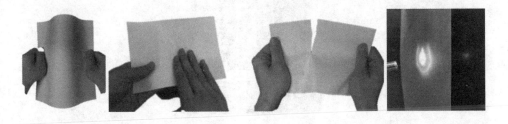

2. 学生预设

①学生针对要研究的问题进行分组讨论。

②学生分组实验。

③学生通过实验说出可以用眼睛看一看纸的颜色不同；用手摸一摸可以知道纸有的光滑，有的粗糙；用手揉一揉可以知道纸的软硬程度不同；用手拉一拉可以知道纸的韧性不同；用手电筒照一照可以知道纸的透光程度也不同，等等。

3. 设计意图

让学生借助感官找到不同的纸有不同的物理特性，培养学生的实验能力和小组合作能力。

（三）教学环节二：探究 4 种纸的吸水性

1. 教师行为

①猜想：餐巾纸、报纸、复印纸、牛皮纸的吸水性相同吗？

②讨论：怎么用实验的方法进行对比？

③指导：每种纸的宽窄、长度、入水深度、入水时间等都要相同。不同的只是纸选了 4 种。这样才好对比。

④提供实验计划范例，指导完善本组计划。

⑤分组实验，教师巡视指导。

⑥思考：根据它们吸水性的不同，分别适合用来制成什么物品？

2. 学生预设

①学生根据实验方案进行实验。

②观察比较 4 种纸的吸水能力。发现餐巾纸的吸水能力最强，牛皮纸的吸

水能力最弱。

③根据它们的吸水性不同，说出分别适合用来制成信封、纸巾等物品。

3.设计意图

让学生了解不同纸的吸水性不同，可以用来制作不同的物品，为制作贺卡选择纸张打下基础。

（四）总结与提升

1.教师行为

选择合适的纸做贺卡。

①让学生选择自己喜欢的贺卡主题。

②搜索资料，或请教他人，学习制作方法。

2.学生预设

①选择自己喜欢的贺卡主题。

②搜索纸质贺卡的类别、制作图解，学习制作方法。

③选择合适的纸制作贺卡。依据个人需要，可以选择白卡纸、瓦楞纸、彩色卡纸、皱纹纸、棉纸、包装纸、电光纸等。

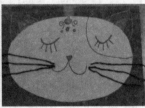

四、感悟反思

（一）从孩子的视角学科学

一切有效的学习都基于孩子的兴趣。低年级学生对制作很感兴趣，联系学生的生活实际，这节课用制作贺卡这个情境引入，能够充分吸引学生的注意力，激发学生的学习兴趣，让学生主动地参与到课程中来。因此，在教学中围绕"选择什么纸制作贺卡"展开教学活动，让学生自己讨论、自己观察、自己实验，找到纸的不同，通过实践活动最终找到适合做贺卡的纸，把学到的知识运用到生活中，解决了实际需求。

（二）激发学生兴趣，发展科学探究能力

学生探究能力的发展是一个渐进的过程。依据低年级小学生的认知特点，教师侧重训练学生运用感觉器官观察、比较、描述等探究技能以及动手实践能力。利用学生想制作贺卡的好奇心，调动学生的学习积极性，培养学生对科学与科学课的热爱。

（本节作者：张海蒂）

第三节　小小建筑师之《北京四合院》的研究

一、活动背景

（一）活动大背景

科学课标指出，小学科学课程要面向全体学生、立足素养发展、聚焦核心概念、精选课程内容、科学安排进阶、形成有序结构、激发学习动机、加强探究实践、重视综合评价、促进学生发展。其总目标为：让学生形成初步的科学观念、具有初步的科学思维能力、探究实践能力和正确的价值观和社会责任感。结合目标要求，在"万花筒"课程体系中，我们定位了"小课题"的科学课程群，并提出了"贴近生活、学科融合、研究合作、探索创新"的基本理念。

（二）以小课题的形式，提高学生的科学素养

在东四七条小学的教研中心，有一座长 1.4 米、宽 1 米的七条小学老校址的沙盘模型，这是在 2017 年校庆期间，我根据一位老校友的回忆，设计绘制图纸，并带领 33 名同学历经 600 多个小时制作而成的。而我们的"小课题"科学课程群也是由此作为基础开始了我的研究之路。科学课程群，以小课题的

形式，凭借科学课、校本课和课后服务等平台，带领学生小组合作学习，综合运用多学科知识技能，掌握研究方法，培养探究能力，从而提高学生的科学素养。高年级阶段研究主题为"小小建筑师"，并以"北京四合院"为重点进行研究活动。

二、活动意义

（一）通过极富内涵的四合院文化，提高学生的人文积淀、人文情怀和审美情趣

四合院有着三千多年的历史，北京四合院始于元朝，随后盛行，至今也有了八百多年的历史了，它是北方地区最具代表性的民居建筑形式。1990年东四北三条至八条被定为历史文化保护街区。我们学校位于这样一个独特的地理位置，因此，了解四合院、研究四合院就成为我们义不容辞的责任。随着"双减"政策的推行，基于学校"万花筒"课程体系，我们对这一内容进行了重新梳理和挖掘，形成了现在以小课题研究的形式，把四合院文化与建筑模型设计、制作、创新相结合，以孩子们喜欢的方式，通过极富内涵的四合院文化，引导学生在学习、理解、运用中培养良好的价值取向，提高人文积淀、人文情怀和审美情趣。

（二）多学科融合，研究中学会学习

虽然我们是以小小建筑师校本课程为平台，但是在整个课题研究过程中，会涉及多学科的相关知识点和能力点，如科学学科的研究方法、技术工程、物理知识、植物知识等；语文学科的楹联、福字文化以及表达等；道德与法制学科的礼仪礼制、国风家风等；数学学科的估算、测量、计算等；艺术学科的图案、雕饰、书法、建筑等。五、六年级学生全员参与，全程参与。在研究学习的过程中，同学们优势互补、相互促进。在大家的共同努力下，学生们需要不断地提取各方面的知识并进行应用，这既是知识与技能的学习过程，也是对学科知识的一个考核检验。通过研究活动，学生们不仅能够获取知识技能，掌握学习的方法，更能够具有学习的意识，善于学习并收获学习的乐趣，从而学会学习，提高学习的能力。

三、活动实施过程

（一）准备阶段

思想准备：同学们每天走在这个白墙灰瓦的胡同中，从没有认真地感受过它的与众不同，所以我们就从感受入手，对我们的胡同、我们的学校、我们的家先开始进行关注，教师先通过一节课，简单介绍一些相关的内容，从而引发学生的好奇，开始从思想上对这些身边习以为常的建筑、文化产生研究的想法，并做好思想上的准备。

基础知识准备：在第一节课上，对最基本的知识进行一些普及，从而在后面可以有的放矢地进行学习和研究，并为后面制订研究计划做出准备。

（二）实施阶段

1. 根据研究的问题，成立研究小组

在第一节课同学们对四合院有了初步了解之后，全班每一位同学都根据自己的兴趣点，利用课余时间对相关知识进行初步的了解，提出自己的问题，并选择自己想研究学习的方向。同学们把自己的研究方向带到课堂进行整合，最终选择确定出几个大家想研究的问题，并且根据兴趣点进行组队，成立各自的研究小组。

2. 制订研究计划，进行合理分工

在小组长的带领下，每个小组对自己的研究主题提出一些相关问题，进一步明确小组的研究方向。确定研究方向后，小组长带领小组成员制订研究计划，其中包括确定需要使用的研究方法，如查阅资料、访谈、参观、实地考察等，小组成员根据自己特长及兴趣进行分工，各组确定阶段性展示形式等。教师组织学生制订好研究计划，并对研究计划进行把关，并对后面研究活动提出相关要求。

3. 展开初步研究，及时汇报整理

各组分头进行研究活动，每节课把阶段性研究成果带到课堂进行整理和小范围交流，教师对学生每一步的研究进行指导，既要对学生研究的成果进行筛查，纠正错误，补充不足，对下一步工作进行指引，也要把握好各组的进度及指导学生进行组内合作等。

4. 完善研究成果，汇报交流展示

研究进行到一定阶段，各组材料基本充实，教师指导学生进行展示前的所有准备工作。各组同学在全班同学面前汇报研究成果，其他同学对展示成果提出自己的见解或者问题，由研究组解答，并初步确定下一步研究的新课题。

（三）总结反馈阶段

1. 深入的探究，培养科学的精神

在课题研究过程中，同学们自愿结成小组，制订自己的研究小课题，通过查阅资料、参观调查、实地走访后进行模型的设计、制作和创作。整个研究过程中，需要尊重客观事实，努力查找证据，具有清晰的逻辑，能够运用科学的思维方式去解决在研究过程中遇到的各种问题。学生们既要互相研究探讨，又需要自己有独立思考和独立判断的能力，能够根据小组获得的各种资料信息，多角度地进行分析，并对事实进行选择、判断，作出最后的决定。这是一个复杂的过程，是需要学生们在多次反复中实践、在多次研讨中习得，但这也是学生们收获最大的地方，可以在坚持不懈中大胆尝试，以科学的精神、积极的态度和浓厚的兴趣获得终身学习的意识和能力。

2. 小组的合作，体现着责任担当

在团队中，每一位组员都有着不可替代的地位，既要共同合作，又肩负着自己的责任。在展示中、在汇报中、在设计中、在制作中，他们既要对自我负责，又要对全组负责。在小组合作中，成员能够积极主动地有所作为，尽心尽职地履行自己的职责。组长更是一个小组的核心，既要努力带领组员完成课题研究，又要维护组内的和谐与公正，处处都体现着学生们对自己、对他人、对集体、对工作的责任与担当。

四、活动效果：在研究实践中促进学生全面发展

（一）积极与进取，阳光健康地成长

课题的研究过程是漫长的，这需要学生们具有坚韧的毅力。同学们会遇到各种各样的困难，老师及时的鼓励、同伴相互的激励，让孩子们自信、乐观，在挫折中扛过去，在失败中站起来，让学生们在一次次失败中慢慢具有了抗挫折的能力。在模型制作中，学生们还要时刻注意安全，具有自我保护的能力。那些时间与精力分配不够合理的学生可以通过活动，合理分配，让自己逐渐学会合理使用时间和精力，在积极进取的心态下，能够阳光向上地健康成长。

（二）制作与展示，实践中不断创新

这一研究课程的设置，将在两年的时间内，同学们首先需要根据研究兴趣进行命题，分组进行成果汇报，合作完成模型设计和制作，其次对模型进行改进和创新，最后以一套完整的建筑模型呈现出学生们最终的研究成果。展示方式的创新、模型材料运用的创新、设计的创新，都是学生们的创新点，都是需要通过反复的实践，让课内课外紧密地结合起来，反复研讨、反复改进，通过这些无数次的反反复复，最终达到提高学生素养、发展学生能力、促进学生成长的目的。

五、思考空间

（一）如何激发孩子的参与兴趣，进行更加深入的研究

在研究过程中，有些学生对研究过程的理解比较肤浅，就以一些简单的文字资料作为自己的材料支撑，对一些不懂、不明的内容不进行深入研讨，因此后期要进一步激发学生的兴趣，在研究方面给予更多的方法性指导，带领学生进行更加深入的研究。

（二）如何将科学研究转化成内在行为，养成研究习惯

课题研究是一种学习方法，研究性的思维也是科学学习的重中之重，在小课题研究过程中，学生们初步学会了方法，后期更需要让研究成为一种习惯，带着研究的眼光审视问题，带着研究的心态进行学习，让研究行为、研究思维成为学生学习的一种习惯，从而提高学生的综合素养。

（本节作者：夏卫滨）

第九章 "大主题"定位下的"n"课程群建构

第一节 跨学科综合实践课程群建构的理念与整体框架

《义务教育课程方案和课程标准》指出，培养具有正确价值观、必备品格和关键能力的时代新人，就一定要扩大我们教学活动的空间和内容范围，让学生能在体验生活中学习经验、在动手实践中学习知识、在积极应用中学习技术、从小培养他们积极参与服务社会、学校的意识，这也是学生身心发展的客观要求。

"万花筒 7+n"课程群中的"n"课程群计划通过以"n"为特色的学习模式建构，促进多元化学习的样态，推动"万花筒"课程群在课程内容、形式、关系、场域和评价方面的整体变革和提升跨学科综合实践。

一、课程群定位与目标

（一）课程群定位

力求通过课程建设现实困境入手，聚集学科素养，抓住学科认知特点和实践特性，推动学科内和跨学科的整合，使课程成为一个开放、包容、创新的组织系统。通过学习方式的变化，各自独特的思维和探究方式，自然而然地带动课程整体创新，从而让孩子促进学科素养生成，发展关键能力，使之更爱学、更会学、学得更好。

（二）教育目标

通过在充满个性化体验的真实场域下，通过学科融合，培养学生的核心素养，以适应未来社会发展的客观要求，满足每一个学生学习的需要。

二、课程内容

以"主题"作为 n 课程设计的内容聚焦和实施的主要方式，将个体生活、社会生活及实践经验融入其中，协同推进。根据个体化需求不同，采取考察探究、社会服务、设计制作、全景体验等不同形式。

低年级（1—2 年级）：重在课程内的综合实践。在"动手做""实验""探究""设计""创作""反思"的过程中进行"体验""体悟""体认"，在全身心参与的活动中，发现、分析和解决问题，体验和感受生活，发展实践创新能力。

中年级（3—4 年级）：重在多学科融合的实践。基于学生已有经验和兴趣专长，打破学科界限，选择学科融合活动内容，引导学生把自己成长的环境作为学习场所，在与家庭、学校、社区的持续互动中，不断拓展活动时空和活动内容，使自己的个性特长、实践能力、服务精神和社会责任感不断获得发展。

高年级（5—6 年级）：跨学科项目式研究。从学生的真实生活和发展需要出发，从生活情境中发现问题，转化为活动主题，通过探究、服务、制作、体验等方式，促进学生综合素养的提升。

三、课程实施

基于学生可持续发展的要求，设计长短期相结合的主题活动，使活动内容具有递进性。

①活动内容由简单走向复杂，使活动主题向纵深发展，不断丰富活动内容、拓展活动范围，促进学生综合素质的持续发展。

②处理好学期之间、学年之间、学段之间活动内容的有机衔接与联系，建构科学合理的活动主题序列。

四、课程场域

以小组合作方式为主，也可以个人单独进行。小组合作范围可以从班级内部，逐步走向跨班级、跨年级、跨学校和跨区域等。根据实际情况灵活运用各种组织方式。引导学生根据兴趣、能力、特长、活动需要，明确分工，做到人尽其责，合理高效。既要让学生有独立思考的时间和空间，又要充分发挥合作学习的优势，重视培养学生的自主参与意识与合作沟通能力。鼓励学生利用信息技术手段突破时空界限，进行广泛的交流与密切合作。

五、学习关系

本课程群存在三大学习关系，相互支持、相互促进。

生生关系：基于不同项目，打破班级、年级界限，培养学生自主参与意识与合作沟通能力。

师生关系——从主导到陪伴，从"设计"到"服务"。从主导者到促进者，再到陪伴者，教师的角色逐渐从"台前"走到"幕后"，为学生综合素质的发展提供更大空间。

家校关系——线上线下，同心共育。与线上教学相结合，丰富亲子共育形式。根据不同项目实践主题，邀请家长走进课堂或以线上交流、线下基地的形式，引领体验。

六、行动要点

①任命"n"课程群建设负责人，建立课程研发小组。

②建设课程资源库，对已有综合资源进行分类梳理；挖掘家长资源，提供更多支持。

③加强场域建设，校内外场地的创建与使用。

④引入外部专家，指导课程群建设。

七、评价与收获

根据学生身心发展特点和课程实施形式，设计多种多样的评价方式，注重过程评价、发展性评价。

①坚持学生成长导向，通过学生记录参与活动的具体情况，包括活动主题、持续时间、所承担的角色、任务分工及完成情况等，了解学生的个性与特长，不断激发学生的潜能，为更好地促进学生成长提供依据。

②"知之愈明，则行之愈笃；行之愈笃，则知之益明。" "n" 课程群将以全面提升核心素养为根本任务，不断深化学科融合，打破学校壁垒，创造真实生活场域，建构家校社联动机制，充分激发学生的学习兴趣和动机，在实践中促进德智体美劳全面发展，努力培养学生成为担当民族复兴大任的时代新人。

（本节作者：黄颖、刘欣）

第二节　Where can I fly the kite微格案例实践研究

一、实施背景

（一）党建引领新发展

习近平总书记在二十大报告中提出，必须完整、准确、全面贯彻新发展理念，我们要牢牢把握高质量发展这个首要任务，统筹推进教育、科技、人才"三位一体"，主动服务和融入新发展格局。而校本微格研究，就正好把教师们融入了新发展的格局中。七小党组织瞄准国家战略需求，结合学校的发展实际，带领全校师生扎实推进高质量课堂的建设，下气力打造体系化、高层次教师人才培养平台，探索高质量课堂的支持机制；注重教科研鲜明的方向性、超前的引领性和整体的协同性。

（二）"万花筒"里新融合

"万花筒7+n"课程群中的"n"课程群通过以"n"为特色的学习模式建构，促进个性化学习的多样态。通过学习方式的变化，各自独特的思维和探究方式，自然而然地带动课程整体创新，通过在充满个性化体验的真实场域下，通过学科融合，培养学生的核心素养，以适应未来社会发展的客观要求，以满足每一个学生学习的需要。微格研究从细节着眼，优化了教学设计，促进课堂实效不断优化。

二、设计理念

（一）多元导入显成效

微格教学中的导入技能的类型丰富多彩，这个环节的关键点在于教师如何去设置情境，如何选择合适的导入类型，从而取得具有目的性、针对性、直观性、关联性、启发性和趣味性的导入效果。本课的整体教学设计以文化自信为导向，秉持在体验中学习、在实践中运用的学习理念，倡导学生围绕真实情景和真实问题，激活已知。本课是由清明节真实情境中的谈话导入的，通过进一步头脑风暴激活学生已有平日和周末活动的表达，同时建立新旧知识的关联，为后续课文对话的学习和语言的应用实践做好准备。这些语言知识来源于生活，正是学生们所熟悉的，也便于学生们去理解、吸收，并与新课重点紧密相关。

（二）微格促思情鸢飞

课文主题图是一只红色风筝，在这里做了巧妙替换。一只北京沙燕风筝的出现，在导入环节创设真实情境并引起学生的注意，沙燕道具、教师胸针与课文主题图融为一体，进行北京文化渗透。学生带着真实问题，形成学习期待。从主题开始，基于学生已知，依托语篇，以解决身边的任务为目的来开展系列相关活动。

三、实施过程

（一）热身环节 Warming up

1. 教师行为

Review the expression of activities and make students more active.

① T: I flew a kite with my son this Tomb Sweeping Festival. What's the weather like in spring?

②教师播放幻灯片。What else can we do? Let's watch and say.

③教师出示主题图和沙燕风筝。

T: Do you like flying a kite? Flying kites is a tradition game in China. Maomao also likes flying a kite.

Questions:

How do you call this kite in Chinese?

Can he fly kites here?

2. 学生预设

① Free talk 师生自由谈论，贴近生活，导入话题：

S: It's warm and windy.

S1: I go to the zoo.

S2: Do my homework.（个人）

② Brain Storm. 头脑风暴用于说出学生的春季活动：

We go to the park. We run in the park. We go swimming. We fly a kite. We ride bikes.（集体）

③ We call it Shayan. 学生观看毛毛的沙燕风筝，进入真实情境和真实问题。

3. 设计意图

教师与学生周末活动导入话题，通过进一步头脑风暴激活学生已有活动的表达，建立新旧知识的关联，为后续课文对话的学习和语言的应用实践做好准备。通过一只北京沙燕风筝的出现，创设毛毛要去放沙燕风筝的真实情境并引起学生的注意与兴趣，进行京味文化渗透。学生带着真实问题，形成学习期待。

（二）新授环节 Presentation——Scene 1

1. 教师行为

①教师出示主题图一，引导学生观察主题图并提问。

T: Does grandma want to fly the kite with Maomao? Why or why not?

② T: What does the granny say? Why not?

③教师展示电线并播放危险事故视频。

T:Look, what are these? Can we fly kites here? Flying kites under the wires or above the wires, what will happen?

④ T: Which one is dangerous? What would you like to say to them?

2. 学生预设

① Look and answer. 观察主题图，预测故事内容。

S: No, she doesn't.

S: It's not safe.（集体）

② Watch the cartoon. 学生带着问题观看动画，提取关键信息。

S: Please don't fly your kite here.

③学生在观看实物和电线附近放风筝危害视频。

S: They are wires.

S: People will die. It's dangerous.

S: It's not safe. It's dangerous.

④学生对比分析后判断出放风筝的安全隐患并运用标识提示他人注意。

S: No kites.

3. 设计意图

教师引导学生观察主题图中奶奶的表情，预测故事内容。学生初步感知课文，提取、梳理故事中的信息，找到放风筝中不安全的因素。教师出示电线实物并展示到板书上，学生在体验中学习新词"电线"，在视频演示中进一步理解电线附近放飞风筝的危害，突破教学重点和难点。

（三）新授环节 Presentation——Scene 2

1. 教师行为

（1）教师出示主题图二。

T: Can Maomao understand? Where can Maomao fly the kite?

主题图原图

主题图替换图

（2）教师播放完整故事视频。

T: Let's watch the whole video.

2. 学生预设

① Look and answer 学生观察第二幅主题图和示意图，理解放风筝安全的地方。

S: He can do it at the square in front of the museum.

② Watch the cartoon. 学生观看完整故事视频。

3. 设计意图

在课文放风筝的情景推进下，围绕安全问题层层递进，教师出示博物馆主题图和示意图并启发学生思考放风筝安全的地方，直观展示 at the square in front of the museum 短语。学生完整观看故事视频，进一步内化核心语言。

四、感悟反思

（一）落实"双减"，提质好

新课标的颁布与实施，让我们共同思考如何通过具体的教学目标设计、课程内容规划，在课堂中落实学科核心素养，优化课堂实效，进而关注学生学习过程的实际获得。而微格教学则是教研的一汪活水，使教师在备课的过程中，更加清晰地明确达成目标的措施与方法。复杂的教学过程以网格状细化，通过聚焦大目标"微"分解后的小目标，对接技能的实施，逐一落实到教学环节，精准把控微问题，促进教学能力悄然提升。微格教学校本教研让"双减"在学生身上发生，让"提质"在课堂教学中体现，交出"双减"背景下让人民满意的又一张新答卷。

（二）学思践悟，质量高

在专家的引领下，我初步了解到了什么是微格，微格与微课的区别以及如何进行微格训练。在一次次的培训，专家帮助听试讲、修改教案，学思践悟中我对微格有了更深入的认知。微格研究促使我对教学设计和实施精益求精，细节上进行技能的打磨，不断提升课堂教学研究力；同时更加关注教学策略的运用、关注实施效果和育人价值；更好地服务于学生，形成一个高效而创新的课堂。

微格教学开启了我们教学研讨的新模式，今后我们将继续钻研新课标，从小处着眼，深耕课堂，在不断改进授课方式中探索教学方法，在细化教学知识架构中提升教学实践能力，促进课堂实效不断优化。牢记习近平总书记的嘱托，多谋创新之举，满足人民群众对高质量教育的新期待，做好国家战略的基础性支撑。

（本节作者：金琳）

第三节　《大树的秘密》阅读教学案例实践研究

一、实施背景

（一）指导思想与理论依据

《义务教育课程方案（2022年版）》中指出"加强课程内容与学生经验、社会生活的联系，强化学科内知识整合，统筹设计综合课程和跨学科主题学习""开展跨学科主题学习，强化课程协同育人功能"。《义务教育英语课程标准（2022年版）》中提出"践行学思结合、用创为本的英语学习活动观""引导学生在应用实践类活动内化所学语言和文化知识，运用所学解决现实中的问题"。在英语课堂上大力推进跨学科主题学习活动、开展英语综合实践活动，促进语言学习和内容学习的有机融合。

（二）"万花筒 7+n"课程群之语言课程群

"万花筒 7+n"课程群中的语言课程群通过以"大阅读"为引领下的学习模式建构，带动语言课程群在课程内容、形式、关系、场域和评价方面的整体变革和提升。"7+n"课程群聚焦学科素养，抓住学科认知特点和实践特性，结合学生已有经验和兴趣专长，打破学科界限，推动学科内和跨学科的整合。《大树的秘密》这本书通过介绍大树的不同部位和动物活动场所的环境条件，引发读者思考在大自然中动物在大树下不同部位活动的原因，使读者领悟到大树对于动物生活的重要作用，以及大树和动物之间的"秘密"。传达出"大树对动物生活有重要作用"的主题意义。学生在探究"秘密"的过程中通过戏剧表演、小组合作等形式完成学习任务，打破学科边界，充分调动多学科知识的联动。

二、设计理念

（一）打破学科界限，培养学生学习能力和思维品质

学习能力是所有能力的基础。三年级学生活泼好动，善于模仿，学校的戏剧课让学生能够积极创作、自信表达。在本节课中，我把戏剧元素融入课堂，在课上让学生通过角色体验，更好地理解文本内容及帮助他们分析不同动物在大树上生活位置的原因。通过老师的设问、小组活动，学生在思考和理解的基础上，梳理出不同的动物在大树上生活的位置及原因。并将补充的内容以副板书的形式呈现在黑板上，作为输出时的语言支撑。小组分析动物活动区域的环节，更培养了他们与同伴合作，积极思考、认真分析、自信表达的能力。

（二）聚焦立德树人，培养学生文化意识

英语学科核心素养聚焦"立德树人"，指向学生全面的、社会性的、可持续的发展。在本课教学中，培养学生文化的意识一直贯穿始终。在阅读的过程

中，引导学生观察动物动作，模仿动物活动，激发学生热爱动物、保护动物的情感。学生在小组活动中分析动物活动位置及原因，各抒己见，畅所欲言，培养学生热爱大自然，热爱自然科学，激发学生探索自然世界的兴趣以及梳理动植物和谐共生的意识。

三、实施过程

（一）读前环节 Rre-reading

1. 教师行为

① Introduce fiction& non-fiction.

② Present the cover page.

③ Brainstorm: Animals in the jungle.

Questions:

Q1. What can you see on the cover?

Q2. Can you give a name for the book?

Q3. Where can we find such a tall tree?

2. 学生预设

① Decide which book is fiction or non-fiction.

② Look at the cover page and answer:

S: I can see a tree/ a tall tree/ forest.

S: A big tree/ A tall tree.

S: We can find a tall tree in the forest/ in the garden/ in the mountain/ in the jungle.

③ Brain Storm. 说出丛林动物。

Ss: Tigers, lions, monkeys...

3. 设计意图

教师以学生常见的书籍导入，介绍虚构文本和非虚构文本，教师通过问题引导学生观察绘本封面，了解封面信息，猜测文本体裁。学生通过头脑风暴复习动物词汇，激活旧知，建立新旧知识的关联，为后续阅读活动和语言的应用实践做好准备。学生带着真实问题，形成学习期待。

（二）读中环节 While-reading

1. 教师行为

教师引导学生观察黑板上大树图片，了解大树的三个部分。

①教师引导学生阅读大树的第一部分——大树顶端区域。

渗透泛读策略：

Q1: T: What animals can you see at the top of the tree?

引导学生精读：

Q2: What are the birds doing?

Q3: Is this a good place for birds? Why?

Q4: Where is the tree frog?

Q5: The harpy eagle has made a nest here. Why does it made a nest here? You are a tiger. Can you catch the nest?

T: Oh ,you can' t catch it. It' s safe for a nest. So this is a good place for...

②通过拼图阅读活动，引导学生阅读第二部分及第三部分——大树中部区域和底端区域。

Q: What animals can you see in this part?

Q: What are they doing?

Q: Is this a good place for them?

③通过问题，引导学生再读这两部分内容，深入了解文本内容，引导学生思考问题、分析问题。

Page 8-11：

Q: What is the snake doing? Why?

Q: Is this a good place for a tree frog? Where is a good place for it?

Q: How long will the sloth sleep?

Q: Why is the sloth here?

Page 12–15:

Q: What animals are here?

Q: Why are they here?

Q: Is this a good place for them? Why? (Discuss in pairs)

2. 学生预设

① Look and answer. 观察大树三部分，学习相应短语的表达。

Ss: on the top of the tree / in the middle of the tree / at the bottom of the tree.

② Read P2–7

学生快速浏览 P2–7，说出动物名称。

S: Birds, butterflies, tree frog.

根据教师问题，精读第一部分，找到问题答案。

S : They are flying.

S : Yes.Because...

S : Under a leaf.

Ss: Act as a tiger to catch the nest.

Ss: This is a good place for a nest, because it' s safe.

③ Jigsaw reading: P8–11 and P12–15.

Page 8–11：

Ss:（表演蛇和树蛙）Looking at the tree frog.

Ss: No./ It' s not a good place for a tree frog./ The top of the tree is a good place.

Ss: All day and all night.

S: Stay sleep.

Page 12–15：

Ss: 将动物图片贴在大树底端区域。

Ss:（分析原因）Because it' s easy to get food./ It' s safe…

3. 设计意图

教师引导学生采用泛读和精读的策略阅读绘本，了解绘本的内容。通过图片帮助学生理解生词，通过学生表演引导学生思考并分析动物在大树不同区域活动的原因，拼图阅读的方式提高了课堂阅读效率，让学生认领不同的阅读任务，任务驱动下精读文本，最后通过交流的方式分享自己获取的信息，提升了学生整理信息、分析原因的能力。

（三）读后环节 Post-reading

1. 教师行为

①播放整本书录音。

T: Please listen and repeat.

②读后反馈活动。

T: Let' s read the sentences and decide true or false.

Game: Where am I?

T: Every group has an envelope. Please talk about the animals' living places and the reasons they live here.

③讲解书后索引的用途，让学生了解更多有关非虚构文本的阅读方法。

Q: Where can we find an index? How do we use them?

2. 学生预设

① Ss: Listen and repeat the story.

② Read and decide the sentences.

③ Ss: Talk about the animals' living places and the reasons in-group.

S1: I am a...

S2:I live in/at the...of the tree.

S3:This is a good place for a...

④ Know more about non-fiction books.

3. 设计意图

小组合作梳理动物的活动区域并说明其原因，开拓学生思路，培养学生梳理阅读材料的能力和探索自然的意识。教师给学生呈现更多丛林动物，学生进行小组合作，运用所学去分析动物活动的区域以及原因，进行小组展示。培养了学生的小组合作的能力、分析问题的能力、语言的条理性，以及综合语言运用的能力，促进语言学习和内容学习的有机融合，进一步内化核心语言。

四、感悟反思

（一）关注实际获得，提升学生的语言运用能力

"万花筒 7+n" 课程群中的语言课程群以全面提升核心素养为根本任务，促进学生"语言建构与运用"。本节课中，教师没有单纯追求阅读技巧的训练，而是真实地将学生的阅读过程体现出来。学生学习词汇时，教师结合图片帮助学生理解；读中通过问题引领学生理解文本；通过表演引发学生分析思考，这些活动是学生进行语言学习过程的体现，学生经历了学习体验，获得了语言能力。

（二）注重思维培养，将核心素养落实到教学中

语言能力的发展是学生实际获得中最根本的一个方面，其他能力也应以此为核心，融入其中。在阅读过程中，教师通过一系列问题指导学生阅读。这些问题以开放性问题为主，目的在于指导学生边阅读边思考，培养学生区分事实与观点，形成比较、归纳、分析、概括的思维品质。一系列的阅读活动旨在培养学生养成良好的思维习惯，获得更多的阅读方法，提升阅读能力，最终通过阅读获取知识与能力，成为一个有思想、会思考的人。

（本节作者：李洁）

第四节 漫漫"融合"路，悠悠"胡同"情
语文跨学科融合课程研究

一、实施背景

（一）落实语文新课程标准

《义务教育语文课程标准（2022年版）》第一次在义务教育阶段的语文课程标准中明确提出六大"学习任务群"，并按照内容整合程度不断提升，设置了三个层面的学习任务群：基础型学习任务群、发展型学习任务群、拓展型学习任务群。其中，作为拓展型学习任务群之一的"跨学科学习"，指向学科之间的联系，旨在初步培养学生的跨界能力、整合能力和解决问题的能力。

2022年版语文课标指出："义务教育语文课程培养的核心素养是学生在积极的语文实践活动中积累、建构并在真实的语言运用情境中表现出来的，是文化自信和语言运用、思维能力、审美创造的综合体现。"

（二）尝试跨学科项目式学习

围绕核心素养开展的跨学科活动决定了它不能仅从单一学科中得到培养，而应通过跨学科学习，将课程知识与现实情境相联系，使学生在综合运用多学科知识与方法解决复杂现实问题的过程中，培育正确的价值观、必备品格和关键能力，实现三者的有机融合，最终形成并发展核心素养。

在学习研究中我对跨学科学习这一概念的理解是：学生以真实的问题情境为载体，运用跨学科知识完成具有一定挑战性的学习任务，在解决实际问题的过程中，促进学生学科核心素养的提升，最终完成学习任务或项目，最后跟其他同学交流展示的一种探究性学习方式。

二、设计理念

（一）指向核心素养　促进学生全面发展

核心素养包括学习者终身学习和成长的必备品格和关键能力,体现在知识、技能、情感、态度、价值观等多个层面,这些品格和关键能力在各年龄段的受教育过程中逐渐形成和发展起来。学生核心素养的养成关注学科本质、跨学科知识运用及实践创造,指向深度学习。跨学科项目式学习,改变了传统学习中"满堂灌""死记硬背"等弊端,使学生主动建构知识,成为学习的主人。跨学科项目式学习通过选取跨学科的主题内容,让学生基于现实情境,解决实际问题,实现不同学科之间的知识连结;学生在活动中不断积累并提升解决问题的思维能力与创造力;在活动中同学们运用到学科知识和艺术设计能力,同时培养团队合作精神;通过小组合作,完成沟通、评价、反思和总结,提高学生自我的情感素养。

（二）立足现实问题,培养解决问题的能力

新时代的育人目标指向培养学生适应个人终身发展和社会发展需要的必备品格与关键能力,这要求我们的教学要聚焦真实情境下的问题解决,营造开放真实的学习场域。真实的问题,开放的场域,这才是适应跨学科融合学习的教学方式。

本课教学中的教学情境是基于同学们在学校开展的胡同文化系列活动中,聆听了文保所郑爷爷关于《阅读东四记忆　品味胡同古韵》的讲座,一起阅读了《东四历史文化街区的记忆》这本书,对身边的胡同文化产生了浓厚的学习兴趣,同学们根据自己的喜好确定了学习主题,想亲手参与设计一本小学生眼中的东四胡同文化手册和配套的影视资料,本次跨学科学习是真实的,源自生活实践,立足于学生的思维特点,遵循学生的身心发展规律的。教学时力求在真实情境下解决问题,更好地培养学生通过迁移知识和应用知识解决实际问题的能力,培养学生求真、求实的实践品格和创新素养。

三、实施过程

跨学科融合课程并非单纯分科知识的组合、叠加，要注重从学生的学习过程来思考和设计，因此，我们规范课程流程如下。

（一）确立活动主题

在厘清了跨学科主题学习和语文学科核心素养之后，我确定了本次教学活动的主题，设计小学生眼中东四胡同文化宣传手册及微电影。我带领学生参加了一些关于东四胡同文化的活动，还围绕本次活动主题设计了问卷调查，梳理出孩子感兴趣的话题，再和科学夏老师、美术顾老师从学生感兴趣的内容中找到了学科的融合点，通过学生走进身边的胡同，综合运用不同学科的知识、技能和思维方式，写好讲解词，设计打卡路线、制作文创作品、实地探访胡同民俗、采访文物保护专家等实践活动，将各学科研究汇集成小学生眼中东四胡同文化宣传手册及微电影。

（二）制定活动目标

①根据研究主题，有目的地开展阅读《东四历史文化街区的记忆》活动以及研究活动，初步形成研究成果。

②小组展示研究成果，提升跨学科综合实践能力。

③通过多种途径对东四胡同进行了解和研究，感受东四胡同的历史文化、名人故事以及名人故居建筑艺术特色，激发学生对东四胡同文化的热爱，增强热爱家乡北京的自豪感。

（三）教学过程

环节一：回顾学习活动，展开话题

1.观看前期活动集锦，开启交流话题

在学校开展的读书活动中，我们聆听了文保所郑爷爷关于《阅读东四记忆 品味胡同古韵》的讲座，开启了东四胡同文化的学习研究，我们一起阅读了《东四历史文化街区的记忆》这本书，同学们还根据自己的喜好确定了学习主题，同学们想亲手设计一本我们眼中的东四胡同文化手册和配套的影视资料，今天我们就进行汇报交流，看看我们研究的内容哪些可以整理收录到这本文化手册中。

2.学生根据研究，介绍小组研究内容

①历史文化研究组。结合阅读书籍《东四历史文化街区的记忆》这本书，走访街巷胡同，本组从东四胡同的历史研究入手。

②名人故居研究组。对东四胡同里居住过哪些名人？这些名人背后有什么

故事？他们的故居有什么特点？确定了研究主题。

③胡同四合院建筑研究组。研究四合院的来历、四合院种类、四合院特点。

④发现胡同之美研究小组。发现胡同不仅是普通老百姓生活的场所，同时也蕴含了老北京人特有的风土人情。

⑤胡同文化宣传研究组。通过自己的爱好把胡同的特色传承下去，想研发一些带有胡同文化特色的作品。

⑥胡同文化保护研究组。现存的胡同中因为房屋年久失修，很多居民会进行私搭乱建，一些文物会受到破坏，胡同保护已经迫在眉睫，如何保护和传承。

3. 对内容和研究领域进行初步归类与梳理

听了各组代表的介绍，我们一起商议哪些内容可以收录到我们的胡同文化手册中呢？如果你来设计章节的话如何先后安排章节顺序？

【设计意图】前期学生与教师在学习任务群的引导下进行了实践活动，联结了学校内外、周边环境等领域的学习，开展了与阅读、调查、梳理、探究、编创等有关活动。对东四胡同文化有了比较翔实的了解。在后面的交流中进行再梳理与加工，初步形成研究成果。

环节二：小组合作，互动交流分享

（一）了解东四胡同历史

①胡同的由来，东四胡同的建设历史。

②东四胡同分布格局、特点等。

③通过小轻卡等，学生交流研究的收获和参与的心得等。

④小导游讲解胡同历史文化。

⑤引发思考，提出建议。

小轻卡展示   学生导游介绍东四胡同文化和历史

（二）走访名人故居

①小组探访资料整理、筛选等。

②结合资料谈自己的体会和思考。

③对详细探访的故居进行介绍。

④拓展和故居相关的小调研。

⑤小组之间点评交流。

（三）胡同四合院建筑研究

1. 交流引导

四合院的来历

四合院情况小调研

聚焦名人故居中的四合院

2. 提出新的问题及研究内容

（四）发现胡同之美

①自然美。同学们用镜头记录了这些胡同特有的美，作为图片资料研究。

②人文美。风土人情、好人好事，创编小剧，演绎胡同里平凡而又感人的故事。

学生拍摄的胡同美景

（五）胡同文化宣传

①主要内容。讲一讲自己设计的胡同元素的文创。

②交流引导。展示一下自己创作的文创，说一说设计想法。

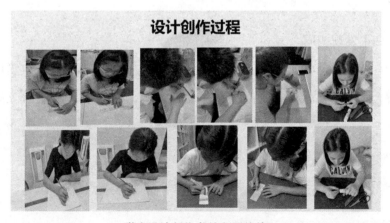

学生设计创作书签和明信片

学生出版的书签

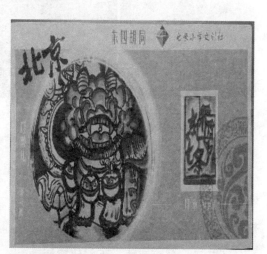

学生出版的明信片

（六）胡同保护研究

①采访文物保护人员，了解胡同保护的做法。

②通过这次采访，同学们发现胡同文物保护非常不容易，需要唤醒大家对文物的保护意识，发出倡议。

③对东四胡同文化的历史和发展写出自己的想法。

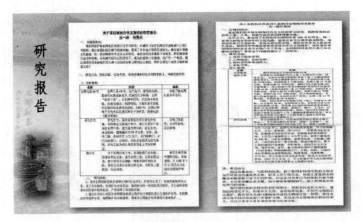

学生自主设计的研究报告

学生自主设计采访

【设计意图】综合运用语文、美术、道德与法治、科学等方面的知识和技能。通过小组研讨、集体策划、设计参观，采访考察等，运用跨媒介形式分享初步研学成果。为研究的再完善指明方向和补充内容。

环节三：分享感悟、延展研究活动

①同学们根据每组的汇报提出班级主题研究项目的新想法和建议。

②教师总结，本次交流不仅展示了这段时间的研究成果，还为即将出版的文化手册进行了初步设计，希望各组的学习研究能继续丰富内容，让咱们的文化手册为东四街区胡同的文化保护和传承，做出一点贡献。

③主题展示活动。在展示活动中，学生根据自己的兴趣自愿组成成研究小组，涉及语文、科学、美术、德育等不同学科，展示课上孩子们通过讲解词设计打卡路线、制作文创作品、实地探访胡同民俗、采访文物保护专家等形式进

行汇报，呈现自己对胡同历史文化的学习收获。

四、感悟反思

（一）提供多元的学习体验，提升学科素养

在跨学科教学中，让学生借助语文、科学、美术等其他学科的知识基础，深入地挖掘出与课程相关的人文底蕴，培养学生的科学精神。从过程观察、学生访谈和作业成果汇总三个角度来看，学生比较喜欢跨学科教学多元的学习方式和丰富的学习体验，特别是某些课外拓展的学习，以科学学科为例，研究四合院的孩子们在科学老师的带领下，孩子分头查找资料、实地走访、整合资料、选择汇报内容，为了更好地呈现四合院的内容结构，孩子们找到四合院的主人想参观一下，结果被主人无情地拒绝了，但是孩子们没有放弃，他们想办法发动家长托关系，最终找到了叶圣陶故居视频资料，还精心地进行了剪辑，让我们看到了故居的原貌，也让我看到了孩子们解决问题的能力是无限的。

以美术学科为例，文创小组的孩子们根据自己的特长进行分工，他们结合胡同元素设计自己的文创作品，他们有的设计东四七条小学的印章、有的设计东四胡同博物馆的邮票、有的设计门墩便签、有的设计影壁明信片，还有的制作门环泥塑，在一次次修改之后，文创样品终于出炉了，孩子们拿到自己设计的文创作品被制成了书签和明信片时特别开心，像获得了宝贝似的，家长也纷纷表示希望这样能激发学生创意的活动能持续开展下去。

以语文学科为例，文物保护小组的孩子们在查找胡同历史的资料过程中，孩子们发现东四胡同的文物破坏现象比较严重，他们自主完成了两份调查报告，孩子们第一次进行了现场采访文物保护专家，不仅解决了自己感兴趣的问题，还听到志愿者保护文物的真实事例，深受教育，当场就表示一定会弘扬老人的志向，开展文物保护义务宣传，还向全校师生发出倡议保护胡同的文物。

在跨学科学习活动中学生从多维度认知，多角度探究与感悟，立体地理解掌握所学知识，较好促进学生的全面发展。

（二）成果展示中多元评价，让学生获得成功体验

在跨学科学习成果展示的过程中，为了提高学生跨学科主题式学习的意识，教师采用以鼓励为主的评价方式激励学生。评价的主体以及形式需要多元的。可以采用同学互评、小组测评等形式，既关注了评价主体的多元，不仅是教师参加，还有学生参加；也关注了评价形式的多元，形式新颖，学生的积极性才能够得到激发，让每一名学生获得成功体验。

（本节作者：金利梅）

第五节　激发阅读兴趣，促进思维提升
——"花香·酒香·粽香"琦君作品群文阅读研究

一、实施背景

第一，《语文课程标准》中指出：阅读是搜集处理信息，认识世界，发展思维，获得审美体验的重要途径，阅读教学是学生、教师、教材编者、文本之间的多重对话，是思想碰撞和心灵交流的动态过程，阅读中的对话和交流，应指向每一个学生的个性阅读，这是从阅读的功能，对话阅读理念和个性化阅读理念的角度来下定义的。

第二，要重视学生的独特感受。每个学生的生活经验和气质不一样，学生对阅读内容作出的反映也就不一样，尤其是在文学作品的阅读中千万不要刻意追求标准答案。学生的阅读过程应是积极主动地发现、建构意义甚至创造意义。

第三，教师是课堂阅读活动的组织者，学生阅读的促进者，也是阅读中的对话者之一。

语文学科是汉语与文学的复合体，打开语文课本，我们就会阅读到一个个文学文本，文学作品就是艺术化地组织语言的一种作品，语文教学的核心素养之一"审美鉴赏与创造"，让学生体验到文学带给人的愉悦、情趣，唤醒学生对文学的渴望与热爱，在审美鉴赏过程中培养个性创造力。

二、设计理念

（一）注重激发学生的好奇心、求知欲，发展学生思维

《义务教育语文课程标准（2022年版）》谈道："欣赏文学作品，有自己的情感体验，初步领悟作者的内涵，从中获得对自然、社会、人生的有益启

示。对作品中感人的情境和形象，能说出自己的体验；品味作品中赋予表现力的语言。"

（二）在阅读中，促进思维力提升，培养多视角表达

在本课的教学中，运用学生已有的语言建构，关注文章之间的异同点，促进学生思维力的提升，培养学生多视角表达能力。

三、实施过程

（一）导入环节

这学期我们学习了作者琦君的《桂花雨》，在三味书屋课上我们又阅读了琦君的两篇散文《春酒》《粽子里的乡愁》，这节课就让我们继续品味琦君笔下的"花香·酒香·粽香"，一起跟随琦君的思绪，走进她的童年。

（二）探同索异，体悟思乡之情

1.聚焦事件，走进多彩童年

（1）回忆主要内容

教师行为：回忆这三篇文章主要讲了什么？

学生预设：

《桂花雨》主要回忆了童年时"我"喜欢家乡桂花的香味，每到中秋前后最盼望的就是和大人们一起摇桂花，表达了作者对家乡的思念。

《春酒》主要回忆了家乡过年时乡亲们邀春酒、喝会酒的习俗，"我"背着母亲偷喝八宝酒的趣事，表达了作者对家乡的思念。

《粽子里的乡愁》主要回忆了端午时节母亲给乞丐布施粽子、"我"最爱吃灰汤粽的故事，表达了作者对家乡的思念。

（2）主要内容中找相同

教师行为：

①这三篇文章主要内容的相同之处。

②找出三篇课文中直接抒情的句子，品析朗读，感受思乡情。

学生预设：

①在特定的时间，通过一种物、一些人、记录一件事，表达思乡情。

②《桂花雨》——这里的桂花再香，也比不上家乡院子里的桂花。

《春酒》——今年，我也如法炮制，泡了八宝酒……究竟不是地道家乡味啊。可是叫我到哪儿去找真正的家醅呢？

《粽子里的乡愁》——每年的端午节来临之际，我很少吃粽子，更无从吃到清香的灰汤粽。母亲细致的手艺和琐琐屑屑的事，都只能在不尽的怀念中追寻了。

（3）探寻事件找不同

教师行为：

①浏览三篇文章，借助主要内容，小组合作完成学习单。完成学习单后又发现哪些不同？

学习提示：
请同学们快速浏览三篇文章，借助主要内容，小组合作完成学习单。写完之后看看你们又发现了哪些不同？

篇名	时节	物	事（小标题）	人
《桂花雨》				
《春酒》				
《粽子里的乡愁》				

②交流汇报。

③聚焦"童年事"，比较不同（异中再比异）。

学生行为：

①通过交流汇报，学生发现这看似相同的物、事、人、情中又有着些许不同。

②找到文中描写这些事情的句子，品读，体会作者的情感。

2.品析人物，丰满形象认知

①异中再比同。浏览三篇文章，找集中描写母亲的段落，感受母亲是一位怎样的人？

教师行为：读完这三篇文章，你们眼前看到了一位怎样的母亲？

学生行为：乐于分享、勤劳、善良、慈爱……

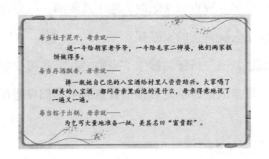

②师生对读。

③教师行为：母亲乐善好施、乐于分享的美好品质我们在这三篇文章中都能感受到，但每篇课文对于这些品质的描写又是不同的，你们发现有什么不同了吗？

学生行为：

《桂花雨》中的母亲分享的是亲近、熟悉的人。

《春酒》中的母亲分享的是村里的人。

《粽子里的乡愁》母亲把粽子分享给陌生的乞丐，分享的不仅是粽子，还有美好的祝福。

④教师行为：母亲是作者幸福童年生活的源点，因此她也成为了作者笔下永不褪色的人物。这就是多视角的表达，能让作者笔下的人物更丰满。

琦君,原名潘希珍,又名潘希真。希望"珍惜、珍贵",希望"真实、真诚、求真",多好的名字呀!当然"琦君"这笔名,就更妙了。不用解释,就知道是温润如玉、卓越不凡的意思。

⑤出示资料。

⑥教师行为:正是因为有这样一位母亲给予了作者厚重、深沉的爱,才为她的童年打下敦厚、淳朴的生命底色,母亲也因此成了作者笔下永不褪色的人物。

3.方法回顾,引发情感共鸣

同学们,这就是我们一节课反复读书的收获,作者思乡的情结就这样在这寻常物、普通事、故乡人中,一点点弥漫开来……我们静心捧读三篇文章,定格这些特殊的时节,聚焦这些别样的物,我们读的是事,品的是人,但感受到的却是浓浓的思乡情。

(三)资料拓展,升华情感认识

1.资料一

教师行为:看这些目录你有什么发现吗?

学生行为:大多都是以物来命名,都是借物来抒情。

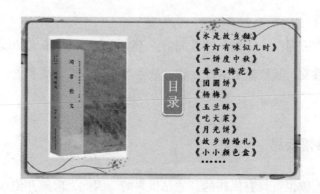

《水是故乡甜》
《青灯有味似儿时》
《一饼度中秋》
《春雪·梅花》
《团圆饼》
《杨梅》
《玉兰酥》
《吃大菜》
《月光饼》
《故乡的婚礼》
《小小颜色盒》
……

2. 资料二

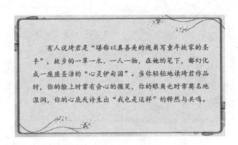

有人说琦君是"擅称以真善美的视角写童年故家的圣手",故乡的一草一木、一人一物,在她的笔下,都幻化成一座座圣洁的"心灵伊甸园"。当你轻轻地读琦君作品时,你的脸上时常有会心的微笑,你的眼角也时常莫名地湿润,你的心底或许生出"我也是这样"的释然与共鸣。

教师行为:孩子们,相信当你走进琦君的百篇作品之后,你也会和她一样,或开心,或眼角闪出点点泪花,或者和她有同样的感受。

3. 资料三

教师行为:难忍思乡意,难断故乡情,2001 年 10 月 23 日,84 岁高龄的琦君终于踏上了回乡的路。故乡以最高的礼仪接她归根——她的故居成了"琦君文学馆""琦君纪念馆",还设立了"琦君散文奖"。她用文字铺砌了一条回乡的路,故乡也以文学的方式诠释完成琦君老人叶落归根的遗愿。

4. 教师结语

一花一木皆温存,一枝一叶总关情。下节课我们继续群文阅读之旅,走进琦君的怀乡散文,找她笔下的故乡物、故乡事、故乡人、故乡景,感受她那多视角的表达。

四、感悟反思

鲁迅先生曾说:只有民族的,才是世界的。因此,理解并传承文化,弘扬民族精神，提高思想文化修养，是语文关键的核心素养。琦君笔下连愁绪都是踏实美丽的，这些笑影里的泪光，已然是黑夜里的星星，智光闪烁，颠沛流离之路，金沙铺地，开了一地的莲花，给多少失根的灵魂以慰藉疗伤。为此，在本课的教学中运用学生已有的语言建构，关注文章之间的异同点，促进学生思维力的提升，培养学生多视角表达能力。

我们五年级学生已有初识文本的学习基础，虽言语风格与当下略有不同，但语言朴素，学生能够通过自主阅读，从表面文字提取信息，找到同类作品之间的关联，初步体会情感。但对于同一主题、同一作家作品的异同之处，体会作者多视角的表达方式，学生接触甚少；且体裁均是散文，情感表达比较含蓄；三篇文章描写的均是乡村生活，对于城市孩子来说比较陌生，学生往往体会不到乡村生活的情趣与恬静。因此，引导学生们读懂文本背后所蕴含的深深思乡之情，就有了一定的难度。

本节课我引导学生运用多种阅读方式阅读这一组怀乡散文，锻炼学生语文学习能力，促进思维能力的提升。通过对比阅读，自主、合作探究的学习方式，感悟作者思乡的方式、寄托的对象因人而异，但是思乡的情是一样的，学习作者多视角的表达。在阅读、交流、展示等活动中，激发阅读兴趣，培养学生爱祖国、爱家乡的品质。

作为一节群文阅读课，我首先营造氛围，唤醒生活记忆。通过回顾已读文章，引导学生走进同一作家的不同作品，感悟作者的思绪。其次，是探同索异，体悟思乡之情。我先带着学生聚焦事件，走进作者多彩的童年。使学生在群文阅读中整体感知课文内容，提升概括能力同时，通过从主要内容中提取三篇散文的相同点，明确作者借童年发生的事情抒发思乡之情的表达方法。面对这样一组怀乡散文，牢牢把握住情感命脉，抓住文中最能表现作者情感的句子，反复朗读，在朗读中体会思乡心切、游子盼归的浓浓乡愁，从而学生与作者的心达成共情。接着，我带着学生探寻童年事件找不同。一节课的时间，三篇课文的学习量，学习单的介入既能节约课堂学习时间，又能提升学生的思维品质，利用学习单引领学生在求同比异的学习过程中感受作者通过故乡事、故乡物、故乡人来抒发故乡情的表达方法。同样是童年的美好回忆，我们把三篇文章放在一起阅读，在相同的童年回忆中发现了回忆中的物是不同的，回忆中的情也是不同的。我们就是这样在这对比阅读中，感受到相同主题下的、同一作家作品的阅读的乐趣，这便是群文阅读的魅力所在。

群文阅读就是师生围绕着一个或多个议题选择一组文章，而后师生围绕议题进行阅读和集体建构，最终达成共识的过程。阅读的核心是比较与整合，所以在读故乡事的环节中我采用纵向串联，对比阅读的方法，让学生感受群文阅读中多视角的表达，培养学生的多元认知，让学生感受到多视角表达能让作者笔下的故事更丰富。之后，我们在"异中再比同"，品析人物，丰满形象认知。三篇课文纵向对比阅读，让学生充分感知，母亲是作者幸福童年生活的源点，也因此成为了作者笔下永不褪色的人物。最后，我和学生一起回顾方法，引发情感共鸣。

最后一个环节通过资料拓展，激发学生课下继续阅读作家的相关作品，加深理解，感悟作者个人的悲欢与祖国之爱、民族之恋紧密交融在一起，这份"每逢佳节倍思亲"的乡愁萦绕在字里行间，弥漫于生活点滴。

家，是心灵的港湾，是最令人魂牵梦绕的地方。部编版教材五年级上册第一单元中的《桂花雨》一课是游子思乡怀乡的典型作品。我以"走进琦君·群文阅读"策略为指导，从"思乡"这一主题中选择了"花香·酒香·粽香"这一议题组织文本材料进行群文阅读，本组课文是旅居他乡六十载的台湾作家琦君的一组散文，她在半个世纪的时光里几乎写尽了故乡的人和事，乡思驱动回忆，点点滴滴地写，故乡的一切成为琦君精神的原乡，这是一个人的底气。琦君借助文字让它慢慢释放出来，又慢慢凝聚，赋予她在一个完全陌生的地方重构一个家的力量。本课在抓住文章异同之处中咀嚼语言文字，揣摩作者多视角的表达方式，使学生感受作者眷恋祖国、热爱家乡的浓浓深情，在声声诵读的积淀与熏陶中升华情感，潜移默化中激发学生热爱祖国的优秀品质。

（本节作者：满惠京）